*Aurae
Inter
Salices*

A Latin version of

THE WIND IN THE WILLOWS

AURAE INTER SALICES

*Liber celeberrimus Kennethi Grahame
primum A.D. MCMVII editus;
ubique pernotus;
nunc de Anglico sermone in Latinum conversus
auctore Tom Cotton*

The Wind in the Willows was first published in 1908. At the death of its author Kenneth Grahame, copyright passed to The Oxford University Chest and was extinct by 1983 when the present translation was made. Subsequent legislation restored the copyright and this Latin version was first published on the internet at www.phaselus.org.uk by kind permission of the holders. Copyright again became extinct at the end of 2002.

Copyright © 1983, 2002, 2004, 2007, 2011 Thomas Malcolm Cotton

Cover illustrations copyright © 1983 Thomas Malcolm Cotton

All rights reserved

This edition first published 2011

ISBN 978-1-4467-6836-5

Other Latin versions uniform with this volume:

Carmen ad Festum Nativitatis
'A Christmas Carol'
(Charles Dickens)

Captivus Zendae
'The Prisoner of Zenda'
(Anthony Hope)

CONTINENTUR IN HOC LIBRO:

PRAEFATIO *(ANGLICE)*   vii

CAPITULA

I	RIPA	*pagina*	I
II	INTER VIAM		XI
III	FERA SILVA		XXI
IV	MELES		XXXI
V	DULCE DOMUM		XLI
VI	BUFO		XLI
VII	CANTOR AD PORTAS AURORAE		LXIV
VIII	BUFO AUDAX		LXXII
IX	CUNCTI VIATORES		LXXXII
X	ADDITA BUFONIS INCEPTA		XCV
XI	'O RUS, QUANDO EGO TE ASPICIAM?'		CVIII
XII	ULIXES REDUX		CXXII

De copiis verborum (anglice)   *extremo libro*

INTRODUCTION

The Wind in the Willows, a children's perennial favourite, was first published in October, 1908 and has been in print ever since. This translation was made from the thirty-third edition (Methuen & Co. Ltd.) of 1930, illustrated by Wyndham Payne.

The book's origin, a series of discrete episodes intended to entertain the author's son, is betrayed by marked variations of pace and style. Though the text is mainly straightforward, Grahame's constructions are often more complex than those usual in books written for children of an age at which animals may be accepted as principal characters; however, it proved remarkably easy to choose syntax appropriate to Grahame's beautifully constructed sentences, which reflect the solid, classical education enjoyed by the English upper classes of his time.

There has been no attempt to imitate any classical model, but Grahame's more purple patches often suggest parallels in classical literature. Within the translation are direct quotations from classical authors, together with some obvious imitations and allusions. Readers will find an easy example of quotation in the first chapter, where a well-known description of Horace perfectly fits the Toad. It would be a pity to deprive readers wholly of the pleasure of spotting others, but another in particular - perhaps the best - occurs on page LXVIII, with an entire elegiac couplet from Ovid's Fasti, presented as straightforward prose, so exactly capturing the English original that one might easily believe Grahame to have had it in mind as he wrote.

The book contains five sets of verse, often well remembered by older readers. For the most part, they are doggerel; the scansion is the best feature of neither the Carol of Chapter 5, nor of Toad's Last Little Song in Chapter 12 and, in response to Mole's cautious criticism, the Ducks' Ditty of Chapter 2 is cheerfully dismissed by its author Ratty. The Latin matches the scansion and rhyming-scheme wherever possible but, because of the compressive effect of rendering into Latin, the actual matching of metre and rhyme in very short lines has meant allowing one or two liberties in pronunciation while trying to reflect the original; in the case of the Carol, however, the more serious intent is recognised by Latin hexameters, with the solemn tone achieved by a preponderance of spondees.

* * * * * * *

As far as possible, the grammar is that of the classical authors. The accidence is governed by Kennedy's *Revised Latin Primer* but, though the rules of syntax have been fairly strictly applied, deviations from the classical style will be found: for example, a change of subject as the sentence proceeds has been allowed more often than a pedant might consider strictly proper.

To go further, it had (and has still) to be remembered that style is one thing, and idiom another, and that it is necessary on occasion to transform both; that, in the end, a successful translation has to be a compromise between accuracy and readability.

Finally, the invention or adaptation of a number of words was inevitable in translating a book of this kind, but none should cause difficulty to the reader. Notes on such vocabulary are provided at the end of the book.

Kennethi Grahame

AURAE INTER SALICES

I. RIPA

INEUNTE VERE, Talpa tempus omne matutinum primo scopis, dein pannis ardenter laboraverat domi expurgandae causa; tum autem scalis vel sella nixus dealbaverat. Faucibus oculisque pulvere gravibus, cuncta pelle atra albario maculata, tandem eum et tergi et lacertorum taeduit. Supra sub Iove, circa et infra per terram se movebat Ver, quod spiritu molestiae divinae desideriique hoc tenebrosum modestum penetrabat domicilium. Nec mirum igitur, applicatorio repente abiecto 'Me miserum!' item, 'Absit purgatio vernalis!' locutus, per ianuam subito profectus est sine tunica. In praecipitem angustum canalem, qui Talpae erat via quasi animalis superterreni privata glareosa, ab aliquo supra adroganter advocatus festinavit. Dein pediculis industrie laborans scalpsit, rasit et scabit, tum iterum scabit, rasit et scalpsit, simul 'Altius!' muttiens, 'Altius!' quoad POP! emisso rostrum in lucem emersit, ut in calida ampli prati herba se versare posset.

'Io, io!' clamavit, 'Absit, o procul absit albarium! Hoc enim malo!' Pellis apricatione calescebatur; iucundae Zephyri aurae frontem fervidam promulcebant. In cella tam longe seclusus vixerat ut felix avium pipulum iam pro clamore audiret. Vivendi gaudio et veris sine eius purgatione sed cum voluptate, omnibus pedibus exsultans per pratum se proripuit usque ad longinquam sepem.

Ad hiatum sepis cuniculus aetate provectus 'Ohe!' iussit, 'Requiro sex asses, pro iure privatae viae!' Sed hoc instanter voluto, acer ac fastidiosus Talpa ceteros cuniculos, qui ex foraminibus raptim prospicientes tumultus causam petebant, praeter sepem tolutim currens obtudit. Per ludibrium, 'Ius ex caepis!' clamavit, 'Ius ex caepis!' discedens, antequam apte respondere conati sint. Dein cuniculi inter se fremere coeperunt: 'O tu stultissime, cur non dixisti -' 'Tute, cur non

II

AURAE INTER SALICES

dixisti - ' 'Potuisti admonere -' et cetera, ut fieri solet; scilicet tamen, ut semper est casus, tardius agebant.

Omnia meliora quam posse videbantur. Huc et illuc trans prata, praeter sepes, per silvas sedulo errabat. Ubique aves nidos sibi construebant, flores frondesque gemmas agebant - omnia laetissima, proficientia, occupata. Non tantum autem conscientia nec stimulabat nec 'Albarium!' insusurrabat, sed etiam ut tot de negotiosis solus esset cessator laetabatur. Haud scio tamen otiari an alios diligenter occupatos spectare optimam feriarum partem esse.

Temere egit ac fortuito donec ad ripam repleti fluminis pervenit, ubi credidit se beate vivere. Flumen, quod animal leve, sinuosum, tumidum, vivum ei visum est, hoc ante tempus nunquam conspexerat. Aquas se proripientes ridere, murmurantes aliquae prensare, ridentes alia labilia ludibria petituras solvere aspexit. Tremores et vertices crepitu et strepitu fulgere, nitere, fervescere, lucere videns Talpa delectatus fascinabatur. Sicut puer iuvenissimus praeter narratorem tolutim it praetrepidans, hic itidem praeter flumen festinavit, donec fatigatus tandem in ripa consedit. Flumen interim garrulum varietatem optimarum ex novissima terra fabularum mari insatiabili postremo ad narrandum destinatam incessabiliter producebat.

In gramine annixus, obscurum ad aquas vicinum foramen trans flumen conspexit. Quasi in somnis, foramen pro animali cum paucis vivendi angustiis in domicilium ripense, dulce, commodum, fremitu pulvere diluvioque remotum ducere coepit.

Haec dum contemplatur, aliquid minutum in imo foramine coruscare, evanescere, tum quasi stella parvula renidescere visum est. Neque hoc in improbabili loco inveniri vix potuit stella; et minor et nitentior esset quam cicindela. Tunc nictu quoque signum quo facilius se oculus professum sit remisit; circum ocellum vultus parvus, quasi tabellae pictae forma, paulatim exstitit. Vultus parvulus, spadix, hirsutus erat.

Vultus orbiculatus, severus; et in ocello isdem nictus, quo prius oculus esset professus.

Concinnis auriculis et pelle arta leni.

Erat Mus Aquaticus!

Dein ut inter se caute intuerentur duo animalia surrexerunt.

'Salve, o Talpa!' inquit Mus Aquaticus.

'Salve, o Mus!' respondit Talpa.

Mus tandem 'Nonne,' rogavit, 'transvenire velis?'

Fluminis et eius vitae morumque inscius Talpa 'Heu!' respondit, 'Facile est tibi, ita loqui!'

Mus nullum verbum dedit; se inclinans tamen solvit ut funem traheret; dein navicellam a Talpa antea inobservatam facile conscendit. Navicella exterior caerulea, interior candida erat et apta duorum animalium ad vehendum. Talpa statim, etsi utilitatem cognitam adhuc non habuit, toto pectore amavit.

Mus alacriter transremigavit, et navicella ad ripam deligata Talpae, qui pedetemptim degrediebatur, praepedem promisit. 'Hoc inniter,' inquit. 'Agedum!' Talpa mirabundus navicellae in puppe se situm subito repperit.

Navicella propulsa Mus iterum remigare coepit.

'Hodie sunt mihi omnia mirifica!' exclamavit Talpa.' Nunquam antea totam per vitam lintre profectus sum. Nonne id sciveris?'

'Quid dixisti?' Mus obstupuit. 'Nunquam lintre - nunquam - mehercle!'

Talpa, tranquillus ut erat in puppe collocatus, sedularia, remos, scalmos, omnia ornamenta ignota intuens, navicellam vacillare sensit. Etsi aliquid credere iam se comparaverat, alterum timide 'Nonne,' consuluit, 'tam dulce est vero?'

'Nonne tam dulce? Iucundissimum est unum,' Mus Aquaticus ad remos se flectens sollenniter respondit. 'Haud dubitandum est, mi sodalis, quin nihil - plane nihil - amplius quam in opusculis se versari lintribus placeat. Tantum in opusculis se versari,' somniculose produxit, 'lintribus - in opusculis - se - versari; in opusculis - '

'Cave, Mus!' clamavit repente Talpa. 'Respice!'

Sed locutus est sero. Navicella in ripam maxima velocitate incidit. Somniator, ille remex laetabundus in ima lintre est supinatus. ' - in lintribus - vel, cum lintribus,' renovavit aequo animo Mus, ut urbane ridens se tollebat. 'Vel in illis, vel extra, non interest. Hoc mihi videtur saltem rei esse dulcedo. Utrum profectus eris, annon; utrum ad locum destinatum attigeris, an alibi, an vero quopiam perveneris; semper occupatus, aliquid separatum nunquam agis; quot sunt opuscula perfecta, tot exstant; quidvis agere mavis, quis, etsi nihil est cur agas.

IV AURAE INTER SALICES

Ecciste! Si vero hodie mane nullum agere tibi est opus, nonne secundum flumen in diem iter facere convenit?'

Beatissimus Talpa caelum digito attigit. Anima recepta, valde contentus suspirium duxit, et in pulvinis mollibus feliciter nixus est. 'Hodie tot delectat!' inquit. 'Confestim proficiscamur!'

'Festina lente!' respondit Mus. Fune ad anulum in suggestu fibulato, supra in foramen suum scandit, qui haud multo post reappareret cum ampla viminea sporta. Hac in navicellam deinsuper tradita, Talpam 'Sub pedes trude,' iussit. Dein fune laxata remos resumpsit.

Talpa noscendi studio se torquens, 'Quid est intus?' rogavit.

'Est intus pullus assus,' breviter respondit Mus, 'linguabubulacoctapernacarobubulacucumulimuriaconditiaacetariapanisgallicus- '

'Ohe! Desine!' Talpa voluptate elatus cachinnavit. 'Est nimium!'

'Num ita arbitraris?' Mus graviter rogavit. 'Quotiens excurro, tot fero; cetera animalia me illiberalem censent, quod exilius semper seco!'

Talpa nullum verbum audivit. Totus in nova vita fuit; splendore, aquis undabundis, odoribus et sonis et luce solis ebrius, pede fluminem tingens, omnia quasi in somnis vidit. Mus Aquaticus, bonum ut erat salaputium, constanter remigans comitem commovere abstinuit. Fere semihora transita est. 'Vestimenta tua mihi magnopere placent,' inquit Mus. 'Egomet quondam, ubi primum satis pecuniosus, tunicam atram sericam mercabor.'

Talpa, ut somnia dimitteret, operam dedit. 'Sis!' inquit, 'Da mihi veniam. Nonne me inurbanum censes? Sed omnia sunt mihi insolita. Itaque - hoc - est - fluminis exemplum!'

'*Solum* nobis est Flumen,' Mus emendavit.

'At vitam vero iuxta flumen degis! Nonne iucundissimum est?'

'Iuxta, per, et intra flumen,' affirmavit Mus, 'cum et in flumine. Mihi est et frater, et soror, et matertera, et sodalis, et alimentum, et potio, et (scilicet) labrum. Orbis hic est meus totus, et alium cognoscere nolo. Cuiuscumque indiget, idem deest ubique, et quaecumque nescit, haec nihili sunt. Mehercle! Oh! Tot dies coniunctim trivimus! Hieme et aestate, sive vere sive autumno, semper iocos concitationesque habet. Cum diluvia Februaria cellas potione inpotabili implent, et aquae turbidae fuscae cubiculi gratiosi fenestram praetercurrunt; vel denuo cum residuerit, et ripa lutulenta placentam novissimam redolet, et canales iuncosi sunt, et pedibus siccis in maxima fluminis alvei parte - quo in loco cibus saepe invenitur, et aliquae res ex lintribus a negligentibus amissa - perambulare possum.'

'Num est interdum paulo insulsum?' Talpa animosus petivit. 'Et tu et Flumen, nullo cum collocutore?'

'Nullo cum coll... Ehem! Te absolvo,' inquit Mus abstinenter. 'Tibi sunt omnia nova; ignoras sane. Hodierno tempore ripa ita stipatur ut multa animalia omnino migrent. Heu, haud est quod olim fuit! Lutrae, halcedones, podicipes, fulicae, omnes ut studeantur totum diem ad me veniunt - quasi semper otier!'

Prospectum opacum silvestrem, qui inter ripam et prata inundatabilia adiacebat, praepede indicavit Talpa.

'Illic quid iacet?' rogavit.

'Fera Silva est tantummodo,' Mus breviter praedicavit. 'Riparii illuc proficiscimur raro.'

'Num in silva sunt taetra animalia?" Talpa nonnihil trepidanter locutus est.

'Eh-he-em,' respondit Mus; 'deliberare oportet. Sciuri sunt innocentes: cuniculi quoque, etsi nonnulli improbi. Tum autem domicilium habet Meles, qui in media silva incolere valde praeoptat, et nullum dubium est quin permaneat contra largitionem. Carus est mihi Meles! Nemo eum impune lacessit,' significanter conclusit.

Talpa 'Quamobrem?' rogavit Talpa. 'Quis lacessere velit?'

'Ehem, sane - sunt – sunt alia animalia,' explanavit Mus haesitabundus. 'Mustelae - et mures pontici - et vulpes - et cetera. Aequa sunt, ut saepe stare putes - mihi sunt amici - cum nobis obviam fit, vicos, urbem (ut dicitur) laudamus - sed negare ut malevolentia aliquando fierent nequeo, tumque - en, reapse fidenda non sunt.'

Talpa non ignorabat ut, tametsi res adversae facturae sint, longius prosequi, ne attingere quidem, animalium contra morem esset; itaque rem demisit.

'Atque ultra Feram Silvam?' rogavit. 'Ubi omnia sunt glauca hebeta, et montes forsitan, vel non, et nescioquid alius, forsitan urbium fuliginem, vel nebulositatem modo, videam?'

'Ultra Feram Silvam,' inquit Mus, 'patescunt Orbis Terrae, quarum vita vel mea vel tua nullo modo refert. Egomet nunquam adfui, neque unquam illuc proficiscar, nec tute, dum compos mentis es. Sodes! Noli iterum de re mentionem facere. Ecce! Denique lacunam pransuri adipiscimur!'

Flumine relicto, in alias aquas lapsi sunt, quae primo aspectu laculus terra fere cinctus videbantur. Gramen virens utram declivem ripam velabat; sub summis aquis tranquillis nitebant fuscae anguineae retarum stirpes. Prae duobus animalibus, iuxta tympanum turbulenter stillantem, hoc ipsum cum aedificio fastigato molino astructum, erat coruscus aggeris spumiferi humerus, cuius aquae desilientes blando susurro hebeti subtili, quo in sono nonnunquam audiretur tinnitus, aerem replebant. Tam dulcissimum erat visu ut Talpa praepedibus ostentis 'Io! Io! Io!' singultare posset tantum.

Navicella ad ripam ducta deligata, Mus subvenit ut Talpa adhuc inscitus egrederetur tutus; tumque sportam extraxit. Talpa obsecratus est qui ipse sportam exponere sineretur; ei indulgere Muri valde libuit ut, dum comes praetrepidans linteum extendit, ipse quiescens in gramine se prostraret. Dein Talpa omnes fasciculos arcanos seriatim sumpsit prandii recte disponendi causa, etiamnunc in quaeque nova patefactione ita gaudens ut 'Io! Io!' clamaret anhelus. Omnibus paratis 'Age!' iussit Mus, 'O mi dulcissime rerum!' Talpa adeo, qui multo mane, ut assolet, purgationem vernalem coeperat atque sine aut cibo aut potione egerat, laetissime obsecutus est; ex illo tempore matutino, quod remotum videbatur multis diebus, multa ei usu venerant.

Studio edendi imminuto, cum autem Talpae oculi paulo aliorsum quam linteo spectare possent, Mus 'Quid intueris?' mox rogavit.

'Observo,' respondit Talpa, 'lineam bullarum, quae in summas aquas labi animadverti. Mihi singularis videtur.'

'Bullarum? Oh!' inquit Mus, qui amoeno hilare pipilare coepit.

Rostrum latum nitidum super extremam ripam se exposuit. Lutra se extraxit et aquam de pelle quassavit. Hic ad pabulum progrediens 'O tu animal avide nequam!' dixit. 'Cur me non vocavisti, o Mus?'

'Res ex tempore fuit,' excusavit Mus. 'Nonne amicum meum Talpam commendare possum?'

'Placet bene,' respondit Lutra, atque inter duo animalia protinus erat affabilitas. 'Est ubique tumultus,' produxit. 'Nemo est quin hodie in flumine adsit. Brevissimam pacem petitum in hanc lacunam veni, sed in vos incidi! - attamen - veniam mihi date - illud in animo, ut sciveritis, subtiliter non habeo!'

In sepe crebris proximi anni foliis stipata aliquo pone crepare audito, caput lineis latis distinctum, ante humeros proceros, aspexerunt.

'Adesdum, o Meles,' exclamavit Mus, 'O vetustissime rerum!'

Meles nonnullis passibus tolutim progressus, 'En, est coetus,' grunnivit et ex conspectu se recepit.

'Ita agit admodum sua persona,' dixit Mus frustratus. 'Odit sodalicium! Hodie iterum eum non conspicabimur. Hem, nos doce, quisnam flumine agit?'

'Bufo, exempli gratia,' respondit Lutra. 'Novissima cum scapha; nova vestimenta, omnia adeo nova habet!'

Duo animalia inter se conspicientia cachinnaverunt.

'Olim,' inquit Mus, 'praeter velificium nihil placuit. Huius denique taeduit, et pontonium adquisivit. Quotidie praeter pontonium nullius studii ea rettulit, et confusionem rerum fecit ad unguem. Proximo anno domum habuit aquaticam, ut omnibus ex hospitio gaudere opus esset simulare. Domo aquatica vitam usque ad summam aetatem agere destinavit. Quodcunque capit, ita agit: eius taedet, qui aliquid novi capiat.'

'Sodalis enim est gratus,' Lutra confisus est; 'sed incertus, praesertim in lintre!'

Eo dum sedent, flumen princeps trans insulam videre poterant; atque eo tempore in aspectum lata est scapha, cuius remex - qui habitu corporis fuit brevis et obesus - ardentissime laborans aspergere ac magnopere volvere videbatur. Mus surrexit quo facilius remigem salutaret, sed capite quasso Bufo - is enim erat - industriose operam consumpsit.

'Ita volvens mox ex lintre excidet,' inquit Mus, ut residebat.

'Sane.' Lutra cachinnavit. 'Num de Bufone et piscatore narravi? Hoc in modo incidit: Bufo ....'

Phryganea vaga adverso flumine inconstanter declinabat, sicut omnes huius generis ebriose se gerunt saepe. Aquae parum tremuerunt; est 'Clup!' auditum; tunc est musca non visa.

Neque Lutra.

Talpa oculos ad herbam vertit. Vocem auribus adhuc retinuit, sed terram ubi prostratus fuerat Lutra manifesto nunc inanem, sicut ad circulum finientem, iam vidit.

Sed denuo in summis fluminis aquis erat linea bullarum.

Mus secum cantabat. Talpa animalium de amicorum discessu morem in memoriam redigit, qui de abiendo mentionem facere, sive iustis de causis sive non, semper vetat.

'Ehem,' inquit Mus, 'ut arbitror, opus est reproficisci. Iam scire velim, quis ex nobis potius sportam componat?' Ipse vix cupire visus est.

'Sodes!' exclamavit Talpa. 'Nonne ad me attinet?' Mus igitur feliciter concessit.

Sportam componere delectatione fuit aliter quam exponere. Ita fit semper. Talpa tamen voluptatem ex omnibus capere statuerat, ut quamquam, sporta composita vincta tantum, catillam in gramine nitere conspexit, et, labore iterum perfecta, Mus furcillam conspicuam indicavit, et, omnium ultimam, En! sinapis olliculam, super qua sederat inscius, invenit - nihilominus, minima cum iracundia labor est omnino perfecta.

Sole praecipitante, Mus somnulentus domum placide remigans Talpam vix animadvertit. Talpa autem cibo bene repletus, rebus magnopere contentus, superbus, etiam, ut censebat, nunc lintribus consuetus, idem inquietus fiebat; qui mox, 'O Mus,' diceret, 'Sodes! Nunc remigare ego velim!'

Mus subridens caput quassavit. 'Hoc in tempore,' respondit, 'vetare debeo, o mi amicule. Disciplinam exspectare oportet. Difficilius est factu quam videtur.'

Talpa nonnullis punctis tacuit, sed Muri, qui tam fortiter et facillime remigabat, invidere coepit quoad superbis ut eum pariter posset susurris suasus est. Itaque repente exsiliens remos arripuit; Mus, qui carmina sibi canens aquas intuebatur, oppressus et iterum retro de scamno in imam lintrem supinatus est, ut Talpa elatus sella occupata remos confidenter capere posset.

'O tu stultissime!' exclamavit Mus ex ima lintre, 'Desine! Nequis! Nos evertes!'

Sed Talpa remos retro iactavit, quo fortius palmulas in flumen pelleret. Summas aquas omnino non ferrivit, pedes praeter caput subvolaverunt, et super Murem prostratum praecipitatus est.

Magnopere territus lintris fimbrias prehendere conatus est, sed ex vestigio -

- et multa cum aspergine -

- navicella eversa, Talpa in flumen conitebatur!

Ah! Aqua, quam erat frigida! Quam umidissima! Deorsum, deorsum dum mergitur, quam in auribus cantum est! Sol quam illustris et gratus, cum tussiens fremens ad summas aquas resurgeret! Mergens iterum, quam desperavit penitus! Tum demum a tergo praepes fortis cervicem appetivit. Erat Mus, qui aperte cachinnabat: Talpa cachinnos sensit, et alterius per brachium et per praepedem itaque in cervicem suam, quam prenserat Mus.

Mus remum cepit quem Talpae sub lacerto truderet; idem per alterum egit, atque ad oram nans inops animal pulsit quod extraheret et in ripam miserum madidissimum poneret.

Cum Mus nonnihil fricavisset et paulum siccavisset, 'Eia!' inquit, 'Praeter flumen diligenter discurre, donec recaleveris teque siccaveris, dum sportam in imo flumine indago.'

Itaque miser Talpa, umidus extra et pudore intro adfectus, huc et illuc cucurrit quoad paene siccatus est. Mus interdum in aquas se remergit navicellae ordinandae et religandae causa; tum et paulatim bona innanta ad ripam adduxit; denique sportam inventurus feliciter se submersit et in terram firmam denique ipse regressus est.

Omnibus iterum ad iter producendum paratis, Talpa languida in maerore iacens in puppe navicellae sedit; lintre propulsa, adfecto animo summissaque voce 'O Mus!' inquit, 'Mi liberalissime amice! Ingratum et stultum me multum paenitet. Animo langueo qui hanc bellam sportam amitterem. Mehercle, ut censeo, asini usu me gessi! Huius nonne mihi veniam dare velis, ut idem atque antea continuemus?'

'Ita bene,' laete respondit Mus, 'o mi dulcissime rerum! Madere mea non refert. Mus aquaticus in aquis vivo plerumque. Noli amplius ad haec cogitare. En! Vero te melius acturum esse credo, si apud me paulisper hospitio recipias. Domicilium meum, ut censeas, incultum est - ad domum Bufonis haud accedit - sed illam adhuc non vidisti; nihilominus, apud me genio indulgere poteris. Atque nare et remigare docebo, ut brevi tempore tam habilis in aquis quam nobis ceteris sis.'

Ita indulgenter locutus est ut animo tacto Talpa voca respondere non posset; et nonnullas lacrimas pede abstergere debuit. Comis tamen Mus alibi spectavit; et animus Talpae mox reviruit quo facilius binas fulicas, quae aspectum discinctum deridebant, obiurgaret.

Mus apud se cum venissent ignem in foco accendit, quem iuxta Talpa lodice soleisque vestitus sederet; et hospes fabulas flumineas narravit, quoad cenarent. Animali subterraneo, ut erat Talpa, mirificissimae erant fabulae. De aggeribus, de repentinis diluviis, de luciis salientibus, et de vaporellis quae duras lagunculas coniecerunt - saltem, lagunculae *ex* vaporellis coniectae sunt, deductim igitur *a* vaporellis; et fabulae de ardeis, quae delicatae de collocutoribus erant; de inceptis in fossis, de piscatu nocturno cum Lutra, vel de longis itineribus Mele comitatus factis.

Gaudentes cenaverunt; sed haud multo post, Talpa persomnulentus sursum ad cubiculum gratiosum ab hospite benigno ductus est, ubi capite in culcita tranquillus, novum amicum Flumen sciens limen fenestrulae lambere, contentus iacuit.

Is dies fuerat Talpae liberato primus modo ex compluribus similibus qui, aestate progrediente, et longinquitate et usu augebantur. Remigare et nare, et aquis vivis laetari didicit; atque auribus prope calamos, ea quae ventus perpetuo insusurrabat nonnunquam excepit.

II. INTER VIAM

MANE QUODAM sereno aestivo Talpa subito 'O Mus,' inquit, 'Sodes! Beneficium petere velim.'

Mus canticulum meditans in ripa sedebat. Ipsi scriptori, hoc nuperrime compositum multum libuit ut plene aut Talpae aut cuiquam alii attendere non posset. Ex tempore matutino ab amicis anatibus comitatus in flumine naverat. Cum anates, ut eorum est consuetudo, capites in aquas repente submergerent, cervices, in situ qua mentum, si haberet mentum anas, titillatum se submersit quoad strepentes iratae ad summas aquas festinanter pennas quassantes surgere coacti essent, quod capite sub aquis omnia dicere quae velis fieri sane non potest. Tandem ut sua studeant eum ut abiret obsecraverunt. Itaque Mus abiit et, dum in ripa sedens apricatur, canticulum composuit, quod appellavit

CANTICULUM ANATARIUM

Praeter lacunam,
  Subter calamis,
Anates tingunt
  Caudis summis.

Caudae anatum,
  Tremulae pedes,
Rostra flaventa
  Abdata sub aquis.

Cellam penariam
  Aquae occultant
Nostram virgultibus,
  Quo pisces nant.

Quisque sua gerat:
  Nosmet malumus
Capites mergere,
  Dum tingimus.

XII

AURAE INTER SALICES

In aethere apodes
Clamantes rotant.
Nosmet sub aquis
Micae occupant.

'Haud facile est mihi,' inquit Talpa caute, 'id canticulum magni aestimare.' Ipse poeta erat non, neque puduit; et simplex erat natura.

'Neque amant anates!' hilare respondit Mus. "Cur," quaesunt, "quae, et quando, et quomodo agere volumus non licet, dum alius, semper intuens et loquens et carmina componens, in ripa sedere potest? Tricas!" Ita loquuntur anates.'

'Ita vero,' inquit summo studio Talpa, 'Ita vero!'

'Ita haud est!' Mus exclamavit indignabundus.

'En, haud est,' placavit Talpa. 'Si velis, haud est. Petere tamen volo: nonne domum honesti Bufonis visere possumus? Tot audivi qui eum nosse velim.'

'Sane,' inquit Mus benevolus, qui alacriter surgens poeticam in diem dimisit. 'Navicellam adduce. Illo statim remigabimus. In tempore opportuno eum salutare semper est. Vel mane vel vesperi, idem est animal. Semper comis, semper hospitio accipere laetus, semper discessu tristis!'

Navicellam conscendens Talpa 'Non possum credere,' inquit, 'quin dulce animal sit,' et, dum Mus in puppe genio indulget, remos sustulit.

'Is adeo optimum est animalium,' confirmavit Mus. 'Et sincerus, et benignus, et studiosus. Non fortasse ita ingenio subtili praeditus - omnes enim ingeniosi esse nullo modo fieri potest; gloriosus est proporro, qui sibi placeat. Bufonellus tamen magnarum virtutum non indiget!'

Cum flexum fluminis transivissent, veterem latericiam domum, formosam et lautam, cuius pratulum bene habitum ad extremas aquas pandebatur, conspicati sunt.

'Ecce! Villa Bufoniana,' inquit Mus; 'et ad laevum, ubi in proscriptione verba "Ager Privatus. Interdictum est annectare" vides, est aestuarium, ubi lintrem sub tecto deligabimus. Illic ad dextrum sunt equilia. Nunc cenationem magnificam videre quis - ea antiquissima est. Bufo locuples est sane, et domus regionis inter optimas, etsi de his cum Bufone nunquam loquimur.'

Aestuarium perlapsi, tum sub magnum tectum ingressi sunt, ubi Talpa remos deposuit. Multas formosas lintres de tignis suspensas vel in terram tractas viderunt, sed in aquis nullam; et locum insolitum ac relictum viderunt.

Mus circumspexit. 'Percipio,' inquit. 'Naviculatio ea non refert. Taedet eum, qui finiret. Quo studio iam mentem occupet scire velim. Visum eamus. Omnia cito audiverimus.'

Egressi pratulum concinnum floridum transierunt Bufonem petitum. Hunc in sella viminea sedentem, totum in charta topographica, quam in gremio tenebat studendi causa, versatum mox invenerunt. Bufo duobus visis 'Io!' clamavit exsiliens, 'O laeta fortuna!' Talpae commendari non oppertus, dextras cum utroque ferventer iunxit.

'Quam grati estis! In animo habui scapham secundo flumine mittere ad vos adducendos, rigidis cum mandatis ut, quidquid contra opus esset, statim absisteretis. Vos cupio summe - ambos. En, quid velitis? Ingrediamur, buccellam comedamus! Nunc ipsum advecti feliciores estis quam scitis!'

'Bufonelle,' inquit Mus, 'parumper tranquilli sedeamus,' ut sella genio indulgebat; Talpa simul iuxta Murem sedit, et de Bufonis 'domicilio accepto' aliquid urbani dixit.

'Praeclarissima est prope flumen domus,' Bufo commotus exclamavit. 'Atque ubivis adeo!' producere non pepercit.

Mus Talpam cubito fodicavit. Gestu secus animadverso Bufo rubuit. Brevissime impediti conticuerunt omnes. Tum Bufo ridere coepit. 'Ehem, Muselle,' inquit, 'ratio mea loquendi est sane, ut sciveris. Num ultro domus iniucunda est? Tute eam multum amas. En, simus prudentes. Vosmet animalia estis quae cupiebam. Me adiuvare debetis. Est aliquid magni momenti!'

'Opinor,' inquit Mus, 'ut hoc ad naviculationem pertineat,' quasi imprudens. 'Adhuc proficis, etiamsi haud nihil aspergitas. Magna cum perseverantia, multaque cum disciplina, poteris - '

'Proh! Naviculatio!' Bufo fastidio permotus occupavit. 'Fatua, puerilis est illa oblectatio! Iam dudum cessavi. Vero, tota temporis iactura est. Vosmet spectare, qui bona animalia estis, quos melius vos gerere oportet, tempus inutiliter perdere miseret me. Per contrarium, rem optimam repperi, illam solam de vita occupationem. Usque ad summam aetatem persequi cogito, quem annos nugando perdidisse paenitet. Veni mecum, o Muselle mi dulcissime, cum amico tuo, si velit, cohortem tenus, et quod videndum est, videbitis!'

Itaque, Mure multo cum vultu suspicioso sequente, ad cohortem praeivit; eo, ex stabulo tractam, novam, nitidam, flavam viride distinctam, rubris cum rotis, carrucam gitanam conspexerunt.

Pectore expanso, 'Ecce!' clamavit Bufo varicus. 'Ea carruca includitur vita germana. Via aperta, via pulverulenta, loca inculta, ager publicus, sepimenta, clivi sinuosi! Iter, vicissitudo, exspectatio, animi commotio! Hodie huc, aliorsum cras! Castra, pagi, vici, urbes! Orbis terrarum patescit, semper prospectus commutatur! Atque memoria custodi, haec est carruca sui generis optima, nulla eximia. Intrate mecum dispositiones inspectum. Egomet omnes praescripsi!'

Talpa attentissimus ac commotus conscensorio in interiorem carrucam cupide subsecutus est. Compressis praepedibus Mus fremuit, et se tenuit.

Certe, et conferta et commoda erat. Lectuli - mensula complicanda ad parietem adaptata - foculus, armaria, pegma, volucris in cavea; quot sunt ollae, patinae, urcei, cortinae species, tot aderant.

'Omnia adsunt!' Bufo elatus dixit. Armario aperto, 'Ecce!' iussit, 'Panes, homarus conditaneus, sardae - omnia desiderabilia. Hic aqua effervescens - illic tabacum - charta, lardum, fruges conditaneae, tesserae, dominones - perspicietis,' egrediens produxit, 'nihil praetermissum esse perspicietis, ubi post meridiem profecti erimus.'

'Mihi indulge,' tarde petivit Mus, qui culmum manducabat. 'Num te "*profecti erimus*" et "*post*" et "*meridiem*" dixisse audivi?'

'Ehem! O Muselle mi bone vetule!' inquit Bufo suppliciter. 'Ita obstinate et deprecative noli loqui, cum vero te comiturum esse censes. Praeter te haud possim curare; sodes, rem habe assensam, ac noli disputare - solum est quod sustinere nequeo. In flumine tardo languido permanere, et in foramine modo ripense pervivere, et lintribus in opusculis te versari, num haec in animo habes? Tibi orbis terras ostendere volo! Cultum tibi, mi sodalis, perficiam!'

'Nil moror,' inquit Mus pertinaciter. 'Non veniam. Ita est vero. Et riparius praeterea pervivam, et foramen quoque habitabo, et in naviculatione me versabor, ut meus est mos. Talpa autem permanebit mecum ut similiter se gerat; nonne ita est, o Talpa?'

Fidelis Talpa 'Sane!' respondit. 'Tecum semper manebo, o Mus, atque fiat quodcunque fieri velis. Apparet tamen - ehem! - iucundum fore!' desiderio captus produxit. Eheu, Talpa! Audacter vivere ei tam novissimum, tam mirificum fuit; haec nova vitae forma multo invitabat; et illam cum primo aspexisset flavam omni cum apparatu carrucam amaverat.

Desideriis Talpae non ignotis, Mus haesitavit. Alicui spem fallere fastidiebat; et Talpae tam studiosus erat quo facilius quodcunque esset opus faceret. Bufo ambos diligenter intuebatur.

'Intro venite pransum,' astute inquit; 'tum autem disserere poterimus. Cito statuere haud convenit. Sane, mea non refert. Nihil cupio quin vobismet placeat. "Vivam ut alii beate vivant!" Hoc est praeceptum vitae meum.'

Inter prandium - quod sane egregium fuit, sicut erant apud Bufonem omnia - Bufo ad rem nihil omisit. Mure neglecto, quasi fidibus Talpa modulabatur. Bufo volubile animal erat natura, semper cogitatione uberrima rectus, et itineris et vitae sub Iove et viae de delectatione tam vehementer gavisus est ut Talpa trepidus in sella manere vix posset. Nescio quo pacto, iter facere tria animalia constituisse mox visa sunt; atque Mus introrsus ad credendum adhuc non adductus, ingenio suo suppresso, nihil impedivit. Duos amicos, ut consiliis speque elati quotidiana acta iam excogitabant, deiicere nolebat.

Iam sodales fere inductos in septum equi veteris cani, qui sine consultatione ingratissimum pensum inter insperatum iter debebat, captandi causa Bufo alacriter duxit. Malebat equus septum ingenue ut labor difficilis esset peractu. Bufo interea armaria vel crebrius rebus necessariis stipavit, et culeos avenarios, reticula caeparum, fasces faeni et corbes de ima carruca suspendit. Equo denique capto et iugo imposito, omnia animalia vel secundum carrucam ambulantia vel in temone sedentia, ut placebat, simul loquentia sunt profecta. Post meridiem erat sudum et apricum. Odoratus et dulcis erat pulvis commotus; ex pomariis confertis ad laevum et ad dextrum volucres eis canebant et hilare pipilabant; viatores benigni, ut praeteriebantur, salvere iusserunt, vel pulchrae carrucae laudandae causa constiterunt;

et ex sepibus cuniculi propter ianuas sedentes praepedibus sublatis 'Io! Io! Io!' exclamaverunt.

Multa vespera, defessi ut erant sed laeti, a domo procul profecti, in remoto agro publico constiterunt, equum ut pasceretur solverunt, et prope carrucam in gramine sedentes simpliciter cenaverunt. Bufo grandiloquus consilia in futurum exposuit, dum astra totum per caelum crescunt; et luna lurida tranquilla, ut sodalicii colloquium audiret, advenisse repente conspecta est.

Tum demum in carrucam scanderunt lecticula petitum; et Bufo, crura porrigens somniculose 'Ehem,' inquit, 'Satis est in die. Oportet animal ingenuum hoc modo vivere, tametsi vestrum flumen laudetis!'

'De flumine meo,' respondit aequo animo Mus, 'haud loquor. Noris me, o Bufo, ita haud loqui. Sed cogito,' miserabiliter produxit lenius; 'Illud memoria repeto - sine ulla intermissione.'

Talpa per tenebras praepedem extendit ad illum Muris petendum ut cum suo iungeret. 'O Muselle,' susurravit, 'Faciam quodcunque velis. Nonne cras - multo mane - fugere poterimus ut ad nostrum carissimum ripense foramen redeamus?'

'Nolo,' respondit Mus quoque susurratim. 'Gratias tibi ago, sed itinere non perfecto cum Bufone permanere debeo. Is solus non erit tutus. Haud multo tempore persistet. Ardor semper evanescit. Dormi bene!'

Propius adeo erat extremum iter futurum quam Mus credidit.

Ita incensus et tam longe foris fuerat Bufo ut arte et graviter dormiret, et crastino mane ex somno non excitaretur etiam contra quassationem.

Itaque Talpa et Mus opusculos domesticos placide efficere coeperunt. Dum Mus equum curat, in foculo ignem ponit et pocula catillosque post cenam relictos purgat, Talpa ad proximum vicum - qui distabat - lac, ovas et alias res necessarias, quas suppeditare Bufo sane oblitus erat, iter pedestre fecit emptum. Arduo labore perfecto, duo perfatigata animalia quieverunt, quoad de carruca Bufo integer et hilaris egressus, qui et se et comites suos, curis, miseriis, laboribus domi relictis, periucunde vivere opinatus est.

Ea die clivis herbosis viisque angustiis pervagati sunt atque, ut pridie, in agro publico constiterunt, sed hoc in tempore duo hospites curaverunt ut Bufo iuste laboraret. Ob eam rem, mane postero, cum locus relictus esset, Bufo vitae simplicis fuit de simplicitate nequaquam laetabundus, atque adeo ne in lecticulum elabi conatus sit opus comitibus erat vim inferre. Sicut prius, iter rurale per vias angustias faciebant, et post meridiem modo principalem viam primo invenerunt; eo cum venissent, calamitas necopinata catervam cito perculit - calamitas vero non solum peregrinationi maximi momenti, sed ipsius Bufonis autem curriculum vitae omnino obruitura.

Secundum principalem viam tranquille ambulabant, Talpa prope caput equi, qui de se plane neglecto praetermisso conquestus erat; Bufo et Mus Aquaticus pone carrucam una ambulantes colloquebantur - attamen, dum Bufo loquitur Mus aliquando 'Ita vero, et quid tute huic respondisti?' occupans eodem tempore diversissime reputabat, quoad murmur languidum praemonens audiverunt, quasi apis remotae bombum. Nubeculam pulveris, cuius media pars fusca alacris visa est, incredibili velocitate progredi retrospexerunt, dum ex pulvere anxios ploratus cernunt *'Pup-pup!'* quasi animalis dolore adfecti. Aventum vix respicientes colloquium renovaverunt, sed (ut visum est) prospectus tranquillus repente commutatus est, cum eos venti flamine ac sonitu accesserit, quos in proximam fossam se iacere impelleret. Illud *'Puppup!'* in auribus impudenter resonavit; interiorem vitreo ac corio ornatam partem brevissime conspexerunt; et magnificum automobile, iracundum, clavo a directore comprehenso, puncto temporis omnem terram atque aerem possidit; eos includenti pulveris nubecula prorsus caecavit; tum in remotam particulam quasi apis iterum factum est insusurrans.

Equus vetus canus, ut iter continuabat septum tranquillum meditans, de hoc insolenti casu nihil potuit quin ex natura se gereret. Talpae contra vim ad caput, ac Talpae contra verba vivida in meliorem naturam directa, se erexit, caput demisit, et tenaciter ad fossam altam, quae iuxta viam sita est, carrucam retroegit. Haec brevissime vacillavit - tum flebili fremitu rupta est - et carruca flava, qua gloriati erant, obliqua in fossa, omnino perdita iacuit.

Mus iracundia funditus exarsus in media via saltabat. 'Furciferi!' ambos pugnos vibrans, 'Scelesti!' exclamavit, 'Praedones, vos - vos - faex vialis! - litem vobis inferam! - vos deferam! - iudicio persequar!'

Desiderium evanuerat suorum; erat pro tempore magister flavi navigii, temerariis competitoris dolis in scopulos compulsus, et omnia subtilia acerba, quae praefectis vaporellarum dictabat cum fluctus, ut ripam praeterluentes domum intrabant, oeci tapetas inundavissent, meminisse frustra conabatur.

Bufo in media pulverulenta via consederat qui cruribus ante porrectis automobile ex conspectu abire defixis oculis torpebat. Anhelabat; per vultum quietus contentus videbatur, et aliquando 'Pup-pup!' languide murmurabat.

Talpa equum sedare conatus mox bene gessit. Deinde carrucam in fossa eversam inspexit. Acerbum erat spectu. Tympana et fenestrae fractae, axes inreparabile flexi erant; et ex cavea volucris misere singultans obsecrabat ut liberaretur.

Mus adiuvaturus festinavit, sed etiam cuncti carrucam revertere non potuerunt. 'Ho! Bufo!' vocaverunt, 'Succurre!'

Sed Bufo nihil respondit, neque loco cessit; itaque ad eum accesserunt scrutatum. Animus Bufonis, ut videbatur, a corpore abstractus erat; adhuc, dum pulverulentum perditoris indicium intuitur, beate subridebat. 'Pup-pup!' quidem nonnunquam murmurare audiebatur.

Mus humerum Bufonis captum quassavit. 'Nonne, o Bufo,' poposcit severe, 'ad nos adiuvandos venies?'

'O res visu praeclara, inlustris!' murmuravit Bufo immotus. 'Poetica motionis! Optimus itineris faciendi modus! Solus huius modus! Hodie, hic - cras, procul bis tridui via! Vicis praeteritis, oppidis atque urbibus vitatis, semper aliquid novi videndum! Euge! Euge! O, *Pup-pup!* Io, io!'

'O Bufo,' desperanter clamavit Talpa, 'Desine nugari!'

'O me miserum, qui adeo ignoravi!' Bufo somnienter cantavit. 'Tot annis nugando iam mihi perditis qui nescivi, cogitatione quidem finxi nunquam! Nunc tamen - nunc experitus sum, nunc animo penitus concipio! O qualis via prae me posthac florescet! Quantum pulverem praeter me excitabo, ut temere me proripio! Quot carrucas in fossam adroganter praeteriens compellam! Foedas carrucas - vulgares - flavas carrucas!'

'Quid de eo possumus?' Talpa Murem rogavit.

'Nihil,' Mus respondit firmiter, 'omnino nihil. Quippe nihil est quod apte possumus. Istum diu novi et bene. Nunc fascinatur. Novum studium in primo eum habet. Sicut animal feliciter somniens vitam degit, diem de die ita persequetur, sine ulla facultate. Neglege istum! Quod de carruca sit agendum inveniamus.'

Carrucam diligenter inspexerunt, quo statuerunt ut, tametsi revertere possent, non diutius curreret. Inutiles erant axes, et actum erat de illa rota, quae detracta erat.

Habenis equi a tergo religatis, Mus frenum dextra, caveam cum perturbato habitatore sinistra cepit. 'Veni,' Talpae iussit Mus os torquens. 'Ab urbe proxima milia passuum quinque vel sex absumus, et opus est ambulare. Quo maturius profecti, illo facilius res geremus.'

'Quid tamen de Bufone?' Talpa sollicitus rogavit, dum una proficiscentur. 'Amentem in media via situm, ut est, ac solum relinquere nequimus! Tutus non erit! Fac ut aliquid succederet?'

'Proh! Vexat ille Bufo,' Mus dixit saeviter. 'De illo absolvi!'

Haud tamen procul profecti, crepitum a tergo audiverunt; tum Bufo adsecutus, anhelus adhuc ac stupefactus, cubitos amborum cepit.

'Attende, o Bufo!' inquit Mus acerbe: 'Simul atque ad urbem venerimus, ad stationem vigilum ire debebis, ut de automobili eiusque possessore roges, et questum iures. Deinde, opus erit fabri, qui carrucam adducat et restituat. In longum laborare necesse erit, sed omnino perdita carruca non est. Ego interea cum Talpa deversorium commodum petam ut genio indulgeamus quoad carruca reparata erit, quoad autem de stupore recupaveris.'

'Statio vigilum? Questus?' Bufo somniculose murmuravit. 'Ego, ut de numine tam pulchro mihi prolato querar! Nil nimium studeo carrucam restituendam! Illud studium prorsus finivi. Aut carrucam revidere aut causam recognoscere nolo. Oh, Muselle! Quippe mecum in itineri proficisci voluisti, nonne me gratificatum scis? Nisi tecum non eram profectus, et per te stat quo facilius illam cygnam - illud iubar - illud fulmen viderem. Nec strepitu neque odore accepto eram fascinatus! Haec omnia tibi debeo, amicorum o mi optissime!'

Desperans Mus se avertit. 'Nonne vides,' inquit Talpae, 'quod in animo habet? In eum sperare nequeo. Desino. Ad urbem cum ventum erit, ad stationem ferrovialem progrediemur ut, rebus secundis, usque ad ripam hodie vesperi attingamus. Quoquam delectabor hoc cum exasperanti animali nunquam rursus!' Fremuit, et inde per operosum iter non locutus est nisi Talpae. In urbe cum venissent, toto opere ad stationem ferrovialem ierunt, ubi duo nummos ostiario dederunt ut Bufonem in clauso communi bene custodiret. Equo in stabulo deversorii relicto, confecerunt quod ad carrucam et alia reliqua componere potuerunt. Per ferroviam lente progressi, tandem ad stationem a Domo Bufoniana non procul pervenerunt. Bufone fascinato somnambulante ad ianuam adducto, promum iusserunt qui dominum aleret, veste exueret et cubitum ire persuaderet. Tum navicella ex tecto ducta secundum flumen domum remigaverunt; et permulta vespera eorum in oeco commodo ripense cenaverunt, quo amplius Mus sit contentus.

* * * * *

Postridie vespertino Talpa, qui serius surrexerat, ad multum diem otiatus nunc in ripa sedebat piscandi causa. Mus, qui amicos visitaverat ad sermonem conferendum deambulavit inventum. 'Aliquid novi est,' dixit. 'Nonne cognoveris? Secundum totam ripam nemo est quin de Bufone loquatur. Bufo hodie ad urbem per ferroviam multo mane profectus est. Magnum ac sumptuosissimum automobile imperavit.'

III. FERA SILVA

TALPA UT MELI introducatur diu voluerat. Meles erat grave animal qui, etsi raro conspectus, ab omnibus et ubique potentia arcano uti nihilominus videbatur.

Sed quotienscumque Talpa quod vellet Muri Aquatico commemorabat, totiens Mus dissuadebat. Hic 'Noli sollicitare!' dictabat. 'Meles in nos incidet aliquando - quod saepe fit - et tum commendabo. Rerum est optissimus. Insuper non modo quo, sed etiam quando inveneris opus est eum habere.'

'Nonne petere potes,' Talpa obsecratus est, 'exempli gratia, ut apud te cenet?'

'Non veniat,' Mus simpliciter respondit. 'Meles enim et coetus, et invitationes, et cenas, et omnia similia odit.'

'Iam, cur ad eum salutandum non proficiscimur?' suasit Talpa.

'Eheu, ut ita displiceretur,' inquit Mus trepidissimus, 'habeo pro certo. Tantum a negotiis refugit ut ferat moleste. Egomet eum invisere nunquam ausus sum, quamquam bene novi. Nec praeterea possumus. Nullo modo fieri potest, quia domum suam in medissima Fera Silva habet.'

'Ehem, sane, ita vero,' inquit Talpa. 'Nonne tamen per Feram Silvam incolumes ambulare, ut dixisti, possumus?'

'Sane, sane, ita vero,' Mus ambigue respondit. 'Sed nunc, ut opinor, in tempore inopportuno sumus. Haud saltem statim. Procul est, et hoc in tempore anni autem persaepe foris est, et olim nos inviset, si tranquille exspectaveris.'

Talpa nihil potuit quin ferret. Sed Meles nunquam advenit, et quotidie tanta oblectabant ut non ante quam aestas in hiemem transierat, cum frigus ac pruina ac lutulenti calles domi continerent, et aquae auctae fenestras tam celeriter praeterirent ut lintrem conscendere haudquaquam possent, Talpa de Mele cano solivago, qui solitarius in foramine suo in media Fera Silva vitam degat, denuo constanter cogitare coepit.

Hieme Mus multum dormiebat; cubitum ibat mature, et tarde surgebat. Hos per breves dies nonnunquam carmina composuit, vel domi in opusculis versabatur; et animalia sane aliquando visitabant quae sermonem conferrent; itaque narrabantur multae fabulae, atque subtiliter agitabantur omnes superioris aestatis casus.

At anni tempestates, quam fuerant uberrimae! Erant sicut liber sumptuosissimis picturis ornatus, summe etiam coloratus! Spectaculum ripense, per prospectus magnificos, seriatim auguste prolatos, constanter prodiverat. Lysimachia crines luxuriosos implicatos praeter marginem speculi, unde ridebat ipsius imago, mature advenit vibratum. Sicut punicea solis occasu nubes, epilobium tenerum inritum haud multo post subsecutum est. Symphytum serpsit, ostrum iuxta candidum, ut in serie locum suum occuparet; novissime rosa canina in proscaenium delicate progressa est verecunde morata et, quasi lautis lyrae nervis in choream mutatis nuntiatus, tandem mensis Iunius adesse notus est. Huius gregis unus tantum histrio exspectabatur: is iuvenis pastor Dryadis ambiendus, eques a matronis ad fenestras petitus, ipse regis filius qui osculo vitam atque amorem quiescenti aestati redderet. Sed cum spiraea, animosa et odorifer, inter gregem partem actura tunicam gilvam amicuisset, tum ludus incipere potuit.

Atque tam mirus fuerat ludus! Dum pluvii venti ianuas verberant, animalia somniculosa, in foraminibus genio indulgentia, matutina tempora adhuc acria, cum nebula cana ante lucem una hora nondum dissipata summas aquas amplecteretur, in memoriam revocabant; necnon primum submersus maturioris impetum, cursum secundum ripam, et fulgentem telluris aeris aquarum mutationem, cum repente sol denuo appareret, cana in aurea fierent, coloresque ex terra renascerentur. Meridiani temporis aestuosi languorem, profundis sub virgultibus quo lutei solis radii aliquantulum se insinuabant tantum; naviculationem ac natationem pomeridianum; ambulationes praeter semitas pulvereas et per segetes aureos; denique vesperem longum frigidum, tum quando tot sites, tot amicitiae explebantur, tot crastina incepta excogitabantur, magna cum delectatione repetiverunt. Hos per breves hiemales dies animalia, prope focum cum congregavissent, multa ad disceptandum parata habebant. Talpa nihilo setius temporis otiosi non egebat; itaque uno die post meridiem, dum Mus in cathedra ante ignem invicem dormitat vel nescioquid nugarum meditat, solus ad Feram Silvam explorandam, et fortasse Melem inventurus, proficisci statuit.

Ex oeco calido in frigidum serenum sub caelo aperto pomeridiano aerem profectus est. Rure circum undique nudato et plane defoliato, illo die hiemale cum Natura se detecta dormire admodum visa est, omnium in indolem tam penitus ac familiariter nunquam ante vidisse credidit. Silvae caeduae, valliculae, lapicidinae et omnia abscondita loca, quae aestate frondifera fontes uberrimi arcani ad investigandum idonei fuerant, iam et sese et suas res occultas flebiliter detexerunt, quo magis, ut visum est, peterent ut pro tempore brevi, donec laute ut ante personata prioribus dolis ac fallaciis adlectarent, egestatis sordidae condonaret. Sic etsi lamentabile exhilarabat. Nec trifolium calidum nec vacillationem herbarum in semen exientium concupivit; crataegus umbrifer, fluctuosae fagi ulmique frondes pertinere haud visae sunt; et ad Feram Silvam, quae humilis ac minitabunda sicut praeponebantur in placido australi mari scopuli atri, laetissimo animo contendit.

Eo cum primo venisset, nihil formidolosi repperit. Surculi sub pede crepuerunt, stipites supplantaverunt; fungi in truncis, quasi vultus in peius ficti, ut ad aliquae nota remota accederent, fugaciter oppresserunt; his tamen omnibus tantum delectatus est. Ad loca obscuriora persequens venit, ubi crebrius disponebantur arbores, et cava quasi ora deformia visa sunt.

Conticuerunt iam omnia. Constanter citoque advesperescebat; et sicut ocissime cadit inundatio, ita evanuit lux.

Tum vultus apparere coeperunt.

Primum vultum pone et parum clare vidisse putavit: parvum, malum, cuneatum, a foramine aspexisse. Simul ac se adversus est, res petenda evanuit.

Alacri animo se docuit ne mala conciperentur neque se proliferarent, atque pedem acceleravit. Unum foramen praeterivit, et alterum, et tertium etiam; tum - ita vero! - minime! - ita vero! Pro certo artum vultum, trucibus cum oculis a foramine repente micavisse et abductum habuit. Haesitavit brevi, sed summa ope nixus perambulavit.

At subito, sicut reapse ad id locorum, omne foramen, sive remotum, sive proximum, quae sescenta iam erant, vultum continere visum est, qui manifestus repente abfuit, simul atque acerbo cum odio et malevolentia oculos finxit: oculos acres, malignos, truces.

Dummodo aggerorum foramina evitet, ut censuit, vultus abessent. Calle relicto, in loca non trita pedem maturavit.

Deinde sibila audire coepit.

Primo perlanguida et acuta erant auditu, et a tergo procul; quodammodo tamen ut progrederetur urgebant. Dein, perlanguida adhuc et acuta, iam procul a fronte audita, quo magis dubius retrogredi vellet. Dum haesitat, utrinde erupserunt donec cuncta quasi ad fines silva repleri audita est. Manifeste, quicumque essent, vigiles praestolabantur!

Atque is - is solus stabat inermis, ab opibus procul; atque tenebrescebat.

Deinde crepitum audire coepit.

Sonitus tam exiguus erat ac subtilis ut frondes decidentes audire primo crederet. Tum crescens numerum certum sumpsit, et procul ut adhuc erat, pro certo habuit ut pedibus perpaulis effunderetur. Ubinam erant, ante aut pone eum? Modo hic, modo illic, dein utrimque auditi sunt. Dum trepidus auscultat, crepitus augebatur et crebrescebat quoad, ut putavit, paene eum occluderet. Ad eum obstantem cuniculus inter arbores se proripuit. Cuniculus contra exspectationem nec tardavit neque in alium cursum declinavit. Tantum abfuit ut animal aversaretur ut praeterirens vultu alacri stupens paene excuteret. Talpa cuniculum 'Apage, stultissime, procul abi!' muttire audiens hunc stipite vitato in foramen suum proprium ex conspectu abire vidit.

Crepitus crevit quoad in tapete foliarum siccarum sicut grando repente sonuit. Per silvam undique, ut apparuit, cursitores confuse quoddam - vel quemquam? - appetentes accedebant. Ita est Talpa metu invasus ut temere usquam discurrere coepisset. Cum invisis conflictavit, lapsus in alia cecidit, infra alia latus est et circum nescioquid vitavit. Ad imam obscuram veteris fagi cavam confugit, quae et asylum et occultationem provideret - fortasse salutem, sed quis cernere potuit? Fessior autem fuit quominus curreret ulterius, et inter folias siccas, quae in cavam delatae erant, haerere modo posset quo tutior, ut sperabat, pro tempore esset. Anhelus ac trepidus iacens, sibila ac crepitus exteriores auscultans, ipsum terrorem ab aliis parvulis campestribus ac sepestribus hoc in loco pertimescentibus repertum - illud contra quod Mus protegere conatus erat frustra - denique novit perfecte - ipsum *Ferae Silvae Terrorem!*

* * * * *

Mus interea calidus iucundus ante focum torpebat. Charta carmine inchoato inscripta a gremio lapsa, capite nutante, ore aperto, quasi secundum ripas viridantes somnambulare se sentiebat. Pruna lapsa, ignis crepans exarsit, ut Mus repente suscitatus sit tremefactus. Propositum repetens, carmen a solo carpsit, et puncto temporis scrutatus Talpam quaesivit ut de coniunctione sonorum rogaret.

Sed Talpa abfuit.

Nonnullis temporis momentis auscultavit. Domus perquievit.

Dein iterum 'Talpelle!' vocavit iterumque, et nullo accepto responso in vestibulum exivit.

Petasus Talpae a clavo consueto abfuit. Galliculae, quae prope abacum semper iacebant, itidem abfuerunt.

Ex domo profectus Mus, qui Talpae vestigia invenire speraret, summam lutulentam terram diligenter inspexit. Pro certo habuit: novae erant galliculae, hiemi nuper emptae, itaque solorium indicia erant recentia et clara. Eorum vestigia ad lineam haerere et ad Feram Silvam ducere in luto videre potuit.

Mus grave aspectu penitus cogitans constitit brevi. Dein domum regressus balteum sumpsit, quo facilius binas pistolas gereret, et capto robusto ex atrio fuste ad Feram Silvam alacriter profectus est.

Ad proximas arbores cum venisset iam advesperescebat, sed nulla mora data in silvam progressus est ut utroque indicium amici sui sollicite peteret. Hic et illic vultus nefarii parvi ex foraminibus intuiti sunt, qui forti pistolis ac fuste munitabundo animali aspecto statim ex conspectu abierunt; atque sibila et crepitus, primo clarissimi auditu, evanuerunt cessaveruntque ut omnia conticuerint. Silvam ad ultimam marginem fortiter transivit; dein, omni calle deserto obire coepit, ut operose investigaret ubique; atque bono animo 'Talpelle!' simul clamavit, 'Talpelle! Ubi es? Hic adsum, ego Musellus!'

Cum circa horam per silvam patienter exploravisset, responsum languidum laetissime nactus est. Sonitu se ducens, per tenebras crebrescentes ad infimum veterem fagum venit, in quo erat cava, et ex cava vox infirma 'O Muselle,' rogavit, 'Nonne ades?'

Mus in cavam serpsit, qui Talpam defessum tremebundum inveniret. Hic 'O Mus!' inquit, 'Tantum metui, quantum credere nequis!'

'Heu! Plane intellego,' Mus mitigavit. 'Oportuit huc non venire, o Talpa. Ne ita sollicitaris magnopere conatus sum impedire. Riparii fere nunquam adsumus. Huc cum opus est advenire, nunquam incomitatum animal proficiscitur; ita incolumes res gerere plerumque possumus. Sunt insuper sescenta scienda, quae nos amplectimur sed tu non didicisti. Sunt autem et fortunae signa, et nota, et dicta efficacia, et plantae sinu ducendae, et carmina repetenda, et doli ac artes gerendae; quae cognita artificia sunt perfacilia factu, sed nisi ita peritum conturbetur parvum animal inscitum. Sane, si aut Meles aut Lutra sis, omnino aliter sit.'

'Nonne fortis Bufo solus adesse audet?' Talpa rogavit.

'Bufonellus?' Mus risit ardenter. 'Solus adesse non audet, tametsi aureorum sacculus oblatus esset - haud secus absit!'

Talpa et incurioso Muris risu et fuste et pistolis nitidis ita perlaetus est ut horrere desineret et animosus ac fortis denuo fieret.

Mox 'Equidem,' inquit Mus. 'Opus est nos colligere atque etiamnum, dum dies exigue luminat, domum proficisci. Hic, sane, pernoctare nullo modo fieri potest. Frigidius saltem.'

'O dulcissime Muselle,' inquit miser Talpa, 'valde me paenitet, sed ferme debilitatus sum. Nisi aliquantisper invalescens quievero, domum redire non potero.'

'Sit ut vis,' concordavit benignus Mus. 'Quiesce. Nunc paene plena est nox; et serius erit luna illustris, ut credo.'

Itaque Talpa inter folias siccas bene innixus mox dormiebat, etsi vix tranquille; Mus itidem, ut calefieret, pistola prehensa se protegens aequo animo vigilans decubuit.

Mus tandem, cum Talpa bene recreatus experrectus esset, 'Ehem!' inquit, 'Extra intuear et, si omnia quiescant, opus erit proficisci.'

Ad aditum cavae moratus circumspexit. Murem placide sibi 'Hem!' loqui, 'Aliquid praeter spem!' audivit Talpa.

Hic 'Quid nunc est?' quaesivit, 'o Muselle?'

'Nix,' breviter respondit Mus. 'Nivem video. Ningit etiam enixe.'

Talpa prope comitem se demisit ut silvam aspectu antea formidolosam nunc ferme novatam videret. Lacunae, cavae, stagna, foveae et cetera horridae viatoris minae cito evanescebant, quo potius appararet ubique tapeta magica nitida, quae mollior videbatur quominus pedibus asperis incedenda esset. Aer replebatur tenui candido pulvere, qui formicans genas osculavit, et nigri arborum trunci quasi ex infra illuminati nitebant.

'Ehem, ita est,' inquit Mus contemplatus. 'Non possumus quin proficiscamur, ut arbitror, etsi nescioquid eveniat. Pessimum est, ut accurate nesciam ubi simus. Atque nix omnium mutat aspectum.'

Atque sic adeo mutaverat. Talpa eandem esse silvam credere vix potuit. Fortiter tamen praepedibus iunctis profecti sunt ad cursum optimae spei petendum, exhilarati indomiti ut trucium mutarum arborum unaquaeque vetusta esset amica, utque inter constantam candidam terram atrosque immutabiles truncos vel hiatus vel calles familiares viderent strenue finxerunt.

Nonnullo serius - horas computare non potuerunt - deiecti, lassi, omnino sine spe, in trunco prolapso sederunt quo facilius anheli animos colligerent et agenda putarent. Perfessi ac casibus contusi dolebant; nonnullas in foveas lapsi permaduerant; aucta erat nix, ut parva crura trahere possent aegre, et silva, magis magisque, crebrior atque aequalis fiebat. Arbores et finibus et varietate egere et, nequissime quidem, silvam exitu carere viderunt.

'Hic diutius,' dixit Mus, 'sedere non possumus. Denuo conari debemus ut nescioquid peragamus. Frigidius est, et nive mox impediemur.' Meditans circumspexit. 'En,' renovavit, 'Hoc modo opinor. Ante nos iacet species convallis, ubi terra gibba tumulosa grumulosa est. Illuc progrediamur perfugium petitum, specus exempli gratia, vel foramen sicco cum solo, de nive ventoque protectum, ubi ante ulterius inceptum conquiescere potuerimus, quoniam perfessi ambo sumus. Nix praeterea desinere, vel aliquid insperatum, fieri potest.'

Inter grumulos a Mure indicatos dum investigant, Talpa repente offensus stridens procidit.

'Oh! Crus!' inquit, 'Miserum crus!' et super nive sedens crus ambobus praepedibus fovuit.

'O miser Talpelle!' inquit Mus benevole. 'Hodie fortuna nonne eges? Crus scrutari me sine. Ita vero,' genu terra tacta produxit, 'Certe, cutis est incisa. Sudario meo reperto ligare potero.'

'Erat stipite,' miserrime inquit Talpa, 'aut abscondito ramo, in quem offendi, ut censeo. O me miserum!'

'Vulnus bene lineatum est,' dixit Mus attente intuitus: 'nec stipite nec ramo factum; potius, ut opinor, scalprata re metallica. Aliquid est arcani!' Paulisper contemplatus, grumulos et acclivitates vicinas perscrutatus est.

Crure sudario ligato, Mus aversus nivem scabere coepit. Omnibus pedibus scalpsit, propulsit, investigavit; Talpa interea impatiens manebat, qui identidem 'O Mus, festina!' iussit.

Mus subito 'Io!' clamavit, dein 'Eu-a-ax-xx!' atque, enervatus ut erat, in terra nivosa saltare coepit.

Talpa crus adhuc fovens 'Quid est, o Muselle?' rogavit.

'Eia! Hanc despice!' iussit Mus laetabundus, nec saltare desivit.

Talpa ut melius videret ad locum claudicavit; tandem 'Ehem,' inquit tarde, 'Eam video sane. Similigenas persaepe vidi. Eam pro re consueta habeo. Radula est calceis. Sed cui bono? Cur circum radulam saltas?'

'Nonne intellegis quod denuntiat?' rogavit Mus impatiens. 'Tu - tu - obtusum animal!'

'Sane intellego,' respondit Talpa. 'Nihil significat nisi negligentissimum obliviosum animal, in media Fera Silva, in loco ad supplantandum aptissimo, radulam posuisse. Inconsultum, ut opinor. De hoc querar; cui nescio, sed querar - crede mihi!'

'Heu! Heu!' Mus de obtusione desperavit. 'Disputare desine, scabe potius!'

Laborare iterum coepit, tali modo ut nivem circum se quoquoversus spargeret. Haud multo post habuit laboris fructum, cum storea pannucissima esset exposita.

'Ecce!' exclamavit Mus exsultans. 'Sic est: quid iam dixi?'

'Nihil. Omnino nihil!' respondit Talpa plane verax. 'Equidem,' produxit, 'ut videtur, aliquid quisquiliarum repperisti domesticarum, attritum ac demissum, ut iam te perlaetum esse arbitrer. Idcirco, si velis, saltationem confice; tumque fortasse iter producamus et de eiectamenta nugari cessemus. Num vel stoream edere possumus? Vel sub storea dormire? Vel super storea quasi in trahea sedentes domum redire, o exacerbantissime rerum?'

'Num - dicere - vis,' inquit Mus praetrepidans, 'hanc stoream nihil tibi significare?'

'Vere, o Muselle,' respondit Talpa fere stomachose. 'Censeo hanc stultitiam esse desinenda. Quisnam de storea significabili cognosceret? Tales desunt. Storeae nunquam sunt significabiles. Storea fecit quod storea potest tantum.'

'Tu - tu - tu stupidissime!' respondit Mus, iam vere periratus. 'Tute desine! Tace - et scabe et scalpe et fodi et pete, per grumulos praesertim, si et siccus et calidus velis esse dormiturus. Est nobis occasio extrema!'

Multo cum studio Mus de toro nivoso contendit; ubique fuste rimatus furiose fodit; Talpa quoque, etsi magis Muri placendi causa quam aliter, quod amicum inepticescere crederet, industrie scalpsit.

Nonnullo serius, extremus Muris fustis aliquid raucum percussit. Laboravit donec praepede tangere potuit; dein Talpam rogavit ut adiuvaret. Opere strenue facto, fructus in conspectum attoniti et hactenus increduli Talpae apparuit.

In latere nivosi cumuli putativi erat robusta colore fusco viride ianua. Pendebat iuxta postem funiculum tintinnabuli cum ferreo capulo, et sub capulo in parva aenea lamina, ad modum elegantius scriptum, quod lunae lumine legere potuerunt, nomen viderunt:

Meles

Talpa miratus laetabundus in nivem recidit. Pudore suffusus, 'O Mus!' declaravit, 'Ita perspicax es! Vere perspicax! Nunc omnia habeo cognita! Gradatim, in capite tuo sagace, rem concludebas, ab illo tempore ubi cecidi et crus incidi, et vulnus scrutatus es, et statim animo tuo augusto "Radula" putavisti. Tum opus fuit ipsam radulam reperire! Num tunc cessavisti? Minime! Sunt animalia quae ita satis haberent; sed tu non. Etiamtum mens operabatur. "Stoream reperire debeo," putavisti, "ut rationem mihi probem." Stoream sane repperisti. Astute te posse credo, quodlibet opus sit reperire. "Sane," inquis, "est ianua; pro certo habeo, etsi invisa. Nihil restat quin reperiam!" Ehem, libros de similibus lectitavi, etsi nunquam rem ipsam inveni. Quo virtus recte aestimari possit tibi est opus vivere. Inter nos inconditos ingenium dissipas. Animum tuum si modo haberem, o Muselle - '

'Cum tamen non habeas,' interpellavit Mus paulo severe, 'opinor te loquentem in nive pernoctaturum esse. Surge statim et hunc funiculi capulum age, summa cum vi, dum tundo!'

Itaque, dum Mus ianuam fuste tundit, Talpa ad capulum saluit, de quo ambobus pedibus longe a sole pendebat, et aerem responsum gravem languidum dare procul audire potuerunt.

IV. MELES

PEDES INTERDUM in nivem supplodentes caleficiendi causa, toleranter et, ut censebant, diu praestolati sunt. Tandem aliquem gradarium intus ad ianuam appropinquare audiverunt. Talpa Muri sonum, quasi ab aliquo pannose crepidati factum, audivisse dixit; quod Talpae fuit callidum dictu, quia accurate locutus est.

Obice detracto audito, ianua nonnullis unciis aperta est, tali modo ut longum rostrum virgatum et par oculorum somno graviter nictantium patefaceretur.

'En, proximo tempore,' inquit vox asper suspiciosa, 'perirascabor. Quis nunc adest, qui tali nocte perturbat? Eloquere!'

'O Meles' inquit Mus, 'Sodes, recipe nos. Ego adsum Mus, cum Talpa sodale, qui propter nivem erravimus.'

'O Muselle, mi dulcissime rerum!' exclamavit Meles, voce fere alia. 'Intrate, ambo, statim! Pro certo vos habeo esse frigidissimos! Mehercle! Propter nivem errabatis! Atque per Feram Silvam proporro, atque in media nocte! Intrate! Intrate!'

Ineundi causa temptantia duo animalia conflixerunt. Multa cum levatione ianuam clausam a tergo esse audiverunt.

Meles, qui amiculum nocturnum gerebat et cuius crepidae vero erant pannosae, candelabrum praepede ferebat. Vere simile fuit ut cubitum iret cum pulsavissent. Indulgenter despiciens, bina capita praepedibus mulcuit.

'Tali nocte,' patrie monuit, 'est nullum parvum animal quin domi commorari debeat. Me paenitet credere, o Muselle, te denuo ineptias gessisse. Sed venite, genio indulgete. In culina cenare potestis, et in foco est magna flamma.'

Meles candelabrum ferens praegressus est claudicans. Mus et Talpa multa cum exspectatione inter se fodicaverunt ut per longum tenebrosum ac vero sordidissimum cuniculum comitabantur in speciem atrii, ubi alios cuniculos occultos et, ut visum est, infinitos efferre aegre videre potuerunt. Erant tamen ostia quoque in atrio - ostia robusta querna accepta, quorum unum Meles cito aperuit. Repente et calorem et lucem magnae culinae ab igne illustratae senserunt.

Erat pavimentum latericium contritum fulvum, et in amplo foco inter binos angulos commodos, quo aurae attingere vix poterant, profuse flagrabant ligni. Erant prope focum utrimque binae cathedrae, quae coetu sociabili commodum insuper addebant. In media culina stabat mensa longa tabulis super fulcris structa, iuxta quam erant utrimque scamna. Ad extremam mensam prope erat Melis sella abstrusa, iuxta quam iacebat residuum simplicis at liberalis cenae. Ad remotum culinae parietem nictabant ex pluteis abaci ordines escariorum intaminatorum, et pendebant supra de tignis et pernae et fasces olusculorum desiccatorum et reticula caeparum et corbes ovis repletae. Tali in loco, ut visum est, viri fortissimi victoria reporta epularentur; aptus esset quidem ut prope mensam magna messorum perfessorum frequentia laetissime canens pro ubertate praedicaret, vel nonnulli sodales simplici cum studio otiantes et sederent et ederent et tabaco uterentur et contenti commodique colloquerentur. Rubidum pavimentum camerae fumatae adridebat; cathedrae quernae, longo usu perpolitae, inter se hilare aspiciebant; catilli ex abaco ollis in pluteo renidebant; atque coruscebat ubique lumen ignis.

Benevolus Meles suasit ut in cathedris sederent qui ad focum calescerent atque ut tunicas madidas calceosque removerent iussit. Deinde et lodices et crepidas attulit, et Talpae crus aqua tepida ipse abluit atque vulnus emplastro curavit ut cutis sicut prius esset nisi melior. Lumine ac calore mersa, calida tandem ac sicca, cruribus fatigatis porrectis, sonitusque acceptos mensae apponendae a tergo auscultantia, duo animalia tempestate percussa, tuta ut iam erant, frigidam inviam Feram Silvam, quae vero ad ianuas iacebat, distare nunc credebant; atque omnis aerumna pro delirio visa est.

Tandem cum penitus calefacti essent, Meles ad mensam in qua cenam posuerat vocavit. Iam satis esuriebant, sed cena oblata denique visa ita stimulabantur ut inter omnium subtilium cibi generum quid primum esset edendum, et quae sortem exspectarent, statuere vix poterant. A collocutione diu abstinuerunt; et qualis sermo ore stipato confertur, talem paenitendum habebant cum sensim renovatus esset. Meles non aegre tales mores ferebat, nec recusavit cum cubita in mensa ponerentur, neque adeo cum omnes ad unum loquerentur. Ipse insociabilis haec omnia haud diligebat. (Nosmet sane eum animo angustiore peccavisse scimus; quia nostra refert magnopere, etsi longius ad explicandum est.) Ad extremam mensam in sella sedebat, et nonnunquam, dum animalia incepta nova enarrant, graviter annuit; nec mirari neque offenderi visum est, neque 'Sic monui' inquit vel 'Sic dico semper,' neque ut non tali modo agere debuissent, vel aliter non, unquam dixit. Talpa amicitiam pectore sentire coepit.

Tandem cum cenavissent, atque adeo uterque omnino ad fauces stipatum se sentiret, cum autem nec quisquam nec quicquam curae eis magni ignis ante favillas sedentibus esset, iucundum fuit cogitare ut curis solutis ita beatissime repleti multa nocte adhuc non dormirent; et paulisper cum generatim locuti essent, Meles alacriter 'En!' inquit, 'Quid est novi apud ripenses? Quo in studio Bufonellus versatur?'

'Proh! Pessum it adsidue,' graviter respondit Mus, atque Talpa in cathedra sub lumine ignis, calcibus sublimibus ut apte lugubris videretur conatus est.

'Fragorem abhinc nonnullos tantum dies rursus dedit, et calamitose. Sane, ut ipse automobile dirigat semper poscit, atque omnino incapabilis est. Dummodo honestum fidum animal adhibeat, mercede conducat et omnia mandet, ita floreat. Sed minime; se congenitam directoris facultatem habere credit, et nemo est quin docere nequeat; itaque cetera facta sequuntur.'

Meles 'Quot fuerunt?' quaesivit maeste.

'Fragores, an automobilia?' rogavit Mus. 'Proh, unum et idem est - apud Bufonem. Nuperrimum fuit septimum. Quod ad priora attinet: nonne eius stabulum noveris? En, stipatum est - ad verbum, usque ad tigna - fragmentis automobilium, nullum petaso tuo maius! Ita de sex aliis redditur - quoad ratio reddi potest.'

'In valetudinario fuit ter,' addidit Talpa; 'ac de pecunia multaticia cogitare est obstupefieri.'

'Ita vero,' produxit Mus. 'Hae partim modo sunt curae. Bufonem omnes scimus esse locupletem; sed eius divitiae, etsi maximae, sunt nihilominus circumscriptae. Necnon Bufo director ferme iners est, qui leges praeceptaque omnino praetermittit. Ineluctabiliter, ut videtur, aut interemptus aut in pauperitatem redactus erit. O Meles! Eius amici sumus - nonne adiuvare oportet?'

Meles nihil egit, sed meditatus est. 'Iam ferme scitis sane,' inquit tandem, nonnihil severe, 'me agere non posse statim ?'

Bini sodales rem cognitam bene habuerunt. Secundum animalium mores, nullum animal hiemat quin aut strenue aut audacter aut etiam temperanter se gerere non possit. Omnia torpent - vero nonnulla dormiunt. Tempestate omnia aliquantum inhibentur; et ab arduis diebus noctibusque, nervis duriter expertis, vigore constanter dilata, omnia quietem capiunt.

'Eia! Sed,' produxit Meles, 'tum quando hiems ad finem appetiverit, et noctes erunt breviores factae, et in media nocte excitati quiescere non possumus et surgere volumus ante primam lucem - nisi maturius - nonne desiderium cognitum habetis?'

Cetera animalia graviter annuerunt. Ipsi intellexerunt.

'Tunc nos,' inquit Meles, 'id est, ego, tu o Muselle, cum Talpa nostro - Bufonem in manus sumemus severe. Ineptias haud permittemus. Vi, si opus erit, moderationem docebimus. Ut Bufo prudenter se gerat praestabimus. Ut - sed dormis, o Mus!'

'Minime!' inquit Mus, repente exsomnis.

'A cena bis an ter dormitavit,' Talpa iocose dixit. Etsi ipse rationem ignorabat, pervigilem se percepit et alacrem. Animal subterraneum ut erat natum educatum, certe apud Melem quasi consueta tangeret se sensit; Muri tamen qui usitato in cubiculo pernoctaret, cuius fenestrae apertae auras flumine renovatas reciperent, aer sane gravis molestus erat.

'Nunc opus est,' inquit Meles, 'cubitum ire.' Assurgit et, duobus candelabris sumptis, 'Venite mecum,' produxit, 'ad cubiculos. Ne crastino mane maturetis - ientare poteritis ubi conveniat.'

Duo animalia in longam cellam, quae parte cubiculum visa est, parte apotheca, duxit. Hiemalis Melis copia, quae ubique erant in conspectu, dimidiam cellae partem occupabant - strues et malorum et raporum et pastinacarum, calathi nucibus stipata, ollae mellis; sed bini candidi lectuli in puro pavimento molles blandi visi sunt, et munda stragula, etsi crassa, bene odorata sunt saliunca; Talpa et Mus Aquaticus, vestimentis quam ocissime detractis, magno cum gaudio et aequo animo discubuerunt.

De praeceptis benevoli Melis, ambo animalia fessa ientandi causa exstiterunt multo mane, atque in culina magnam flammam binosque parvulos ericios, qui in scamno ad mensam sedentes pultem avenaceam de catillis ligneis edebant, mox invenerunt. Duobus nostris visis, ericii coclearia deposuerunt et annutentes observanter surgerunt.

Mus suaviter 'Si velitis, sedete,' inquit, 'sedete, et pultem peredete. Unde parvuli venistis? Nonne propter nivem erravistis?'

'Ita vero, o Bone,' maior duorum natu reverenter respondit. 'Ego cum hoc Gulielmo parvulo, in ludum profectus - mater iussit, contra tempestatem - et sane, o Bone, erravimus et Gulielmulus territus lacrimare coepit, quia perparvulus est et timidus. Atque ostium posticum tandem honesti Melis forte invenimus, et pulsandi causa animum recepimus. O Bone, quia Meles est benevolus patronus, quod omnes sciunt - '

'Intellego,' inquit Mus, ut lardum secabat, dum Talpa ova in cacabum ponit. 'Ac foris qualis est tempestas? "Bone" totiens dicere opus non est,' addidit.

'Proh, summe mala est, o Bone,' inquit ericius. 'Altissima est nix. Hodie tales honesti ut estis domi commorari debetis.'

'Ubi est Meles?' quaesivit Talpa, qui nunc ad focum cafeteriam caleficiebat.

'Patronus est in conclave, o Bone,' respondit ericius, 'et iussit ne ulla de causa invocaretur, quia hodie negotiosus erit.'

Haec explicatio ab omnibus plane est intellecta. Ut supra docuimus, is qui ex anno sex menses ardenter et alacriter vivit et per ceteros hiemales soporifer torpet, agenda dum sunt, dum autem alii visunt, perpetuo causari non potest. Excusatio taedet. More hoc in tempore suo Meles, cum ientavisset, in conclave ingressus et in cathedra commoda sedens, rubro sindonis sudario super faciem posito 'negotiosus' erat; haec sane comperta habuerunt.

Ad ianuam tintinnavit. Mus, cuius praepedes erant uncti, minorem natu ericium Gulielmulum misit salutatorem petitum. Supplosione pedum audita, ante Lutram mox regressus est. Ille Murem magno cum clamore amplexus est.

'Apage!' Mus fremebundus ora plena clamavit.

'Ut vos apud Melem,' laete inquit Lutra, 'incolumes inveniam pro certo habui. Hodie mane in ripa cum venissem omnes multum conturbabantur. Tota nocte Mus domi abfuerat - Talpa quoque - ut aliquid diri evenisse crederent; atque nix, sane, vestigia deleverat. Sed non ignorabam animalia laborantia Melem saepe petere, vel, nescio quo modo, Melem certior fieri, itaque huc veni confestim, per Feram Silvam nivemque! Mehercle! Quam maxime placuit, per nivem progredi rubro sole pone nigros truncos oriente! Me per tranquillitatem ambulante, ita magna nivis moles de ramis "Flop!" sonantes aliquando delapsae sunt, ut exsilirem et fugirem. Castellae et cavernae de nive per noctem factae apparuerant - et pontes et aggeres et ambulationes - quibuscum nonnullis horis ludere vellem. Erant nonnulli magni rami puro nivis momento distracti, et erithaci protervi iactanter insidebant quasi ipsi exsequerentur. Inaequalis ferorum anserum ordo per altum glaucum caelum supervolavit, ac nonnulli cornices super arbores lente rotabant; sed hi cum spectavissent domum fastidiose profecti sunt; prudente tamen incaso nullo, de aliquo novi certior fieri nequibam. Itinere semiperfecto obviam fui cuniculo, qui in stipite sedebat quo facilius vultum inane praepedibus purgaret. Cum a tergo serpsissem et praepedem gravem in humerum posuissem, perterritus est. Ut prudenter loqueretur, opus fuit colapham in capite infligere. Tandem me certiorem fecit, etsi aegre, de uno ex suis, qui heri vesperi in Fera Silva Talpam viderat. De hoc, per cuniculos divulgabatur ut Talpa, Muris amicissimus, multum laboraret; illum erravisse, et "Istos" subsecutos esse lacessitum latum est. Tum "Cur ex vobis" rogavi "nemo adiuvavit? Complures estis, etsi insulsi, et ampli corporis, quorum foramina sunt ubique, quo facilius eum recipere animi ad spem arrigendi causa possetis, vel conaremini saltem!" "Num nos cuniculi" rogavit "aliquid debuimus?" Itaque colapha iterum in capite eius inflicta reliqui. Numquid potui? Aliquid tamen repperi; atque si alios forte invenissem amplius ego intellegerem - vel isti certiores fierent!'

'Nonne timuisti?' Talpa haesitabundus quaesivit. Mentione Ferae Silvae facta, hesternum metum in memoriam redigere coepit.

'Nonne timui?' Lutra risit ut candidis nitidis dentibus negaret. 'Alicui me lacessere volenti egomet terrorem attulero! Iam, sodes, o Talpa, pro me pernam frige. Esurio maxime, et Muri multum dicere volo. Diu inter nos non vidimus.'

Itaque bonus Talpa ericios iussit qui pernam sectam frigerent, dumque ientaculum ipse repetit Lutra et Mus ripensia acta inter se communicabant, talia quae longa sunt disserere et, sicut garrulum flumen, infinite florescunt.

Perna fricta nuperrime esa, catilloque vacuo ut repleretur remisso, intravit Meles, qui oscitans oculosque fricans de omnibus benevole et sine arte quaesivit. 'Ut censeo,' dixit Lutrae, 'paene in tempore prandio sumus. Apud nos edere debes. Hodie tantum friget, ut haud dubio quin esurias.'

'Ita vero,' respondit Lutra, qui ad Talpam nictavit. 'Hos pullos avaros vidisse, qui perna se stipabant, valde esurire fecit.'

Ericii, qui pulta esa diligenter frixerant, ipsi esurire iterum coeperant, sed Melem timide suspicientes verecundiores erant quominus aliquid dicere possent.

'En, vos pulli,' inquit Meles benevole, 'ad matrem domum redite. Est qui ducet. Hodie prandere non vultis, ut opinor.'

Asse utrique dato capites permulcuit, et petasos reverenter exutis praecrinibusque tactis profecti sunt.

Pransuri mox una sederunt. Talpa in sella iuxta Melem sedebat et, quod duo alii ripensia, de quo nemo abducere potuit, adhuc disceptabant, ut de commoditate domi certiorem faceret occasione usus est. 'Sub terra,' coepit, 'status periucundus est. Nec diri aliquid evenire neque aliquis adoriri potest. Solus est ipse erus; atque aliquem nec consulere neque animadvertere est opus. Vita se producit supra, et quiescere sine cura potes. Quandoque ascendere vis, ascendere quis, atque omnia ut fierent ibi exspectant.'

Meles laetabundus radiavit. 'Rem acu tetigisti,' respondit. 'Nisi sub terra, nec secure nec serene nec tranquille vivere fieri potest. Si etiam ambitiosior factus domum amplificare vis, non debes quin fodias ac scalpas! Ut domus sit maior, nonnulla foramina excavare quis, et satis est! Sine aut structoribus, aut venditoribus, spectatorum quoque sine dictis; et praesertim, sine tempestate. Considera Murem. Diluvio alto duobus pedibus habito, deversorium petere oportet; incommodum, intempestivum, pretiosissimum. Considera etiam Bufonem. Contra Villam Bufonianam nihil habeo; hac de regione, non dubitandum est quin optima sit - qua domus. Pone tamen aedificium ignem capere -

quomodo agere potest Bufo? Vel pone testas decidere, parietes dehiscere, fenestras rumpi - quid potest Bufo? Pone penetralibus auris tangi - egomet auras odi - quid potest Bufo? Satis est sub Iove vagari, vel negotium suscipere; sed sub terram tandem revenire - en, apud me, tale est domicilium idoneum!'

Sensit idem Talpa; atque Meles propter hoc favuit. 'Post prandium,' inquit, 'domicilium meum commonstrabo. Censeo te magni aestimaturum esse. Quae sit architectura privata bona, tute scis bene.'

Itaque prandio perfecto, atque cum prope focum alii ut de anguillis effuse dissererent in angulo se conlocavissent, Meles lanterna sumpta Talpam iussit subsequi. Atrio transito, secundum maiorem cuniculum ierunt, ubi incerta lanternae lux cellas et maiores et minores, alias quasi armaria, alias fere tam amplas ac speciosas Bufonis cenatione, utrique illuminavit. Per angustum ad pares angulos cuniculum ducti, aliud simile invenerunt.

Talpa ob et immensitatem et amplitudinem et multiplicem spatium stupuit; ob longitudinem cuniculorum obscurorum, ob robustas thesaurorum stipatorum cameras, ubique ob structuram, columnas, fornices, pavimenta. Tandem 'Quemadmodum,' rogavit, 'o Meles, haec omnia struere potuisti? Tanti temporis, tantarum virium fuit opus! Obstupesco!'

'Certe, mirabile esset,' inquit sine arte Meles, 'si ego fecissem. Sed profecto, nihil feci nisi cuniculos et cellas purgavi, quot requisivi. Quot vides, tot est plus invisum, circum ubique. Censeo te non intellegere; opus igitur est explicare. Iampridem, ubi Fera Silva hodie ramos suos extendit, antequam aut arbores se posuerant aut silva in praesentem formam creverat, erat urbs - id est, humano cum populo. Hic, in loco ubi adsumus exquisite, vixerunt, ambulaverunt, sermonem contulerunt, dormiverunt, et negotia susceperunt. Hic equos stabulaverunt, hic quoque sunt epulati. Hoc ex loco profecti sunt et pugnatum et merces mutatum. Populus potens ac dives fuit, cuius aedificia fuerunt magnifica. Aedificaverunt firmiter, quia urbem in tempus infinitum permanituram esse crediderunt.'

'Sed de illis,' rogavit Talpa, 'quid evenit?'

'Ecquis scire potest?' Meles respondit. 'Homines adveniunt - aliquamdiu manent, florent, aedificant - atque abeunt. Sic transit hominum vita. Sed nosmet manemus. Hoc in loco erant meles, ut doctus sum, iam ante urbem conditam pridem. In praesentia rursus meles adsumus. Nos, qui perduramus, loco pro tempore relicto, redituri patienter praestolamur. Sic eveniet semper.'

'En, tandem cum abivissent, illi homines?' Talpa rogavit.

'Cum discessissent,' Meles produxit, 'procellae pluviales, annum ex anno pertinaces, adsidue laborare coeperunt. Fortasse meles, etsi non profuse, adiuvaremus - quisnam scire potest? Semper et ubique deorsum, deorsum, deorsum, gradatim - et ruina et complanatione et exitio. Deinde sursum, sursum, sursum et gradatim, ut semina in arbores novellas, dein arbores crebrescentes cum filice ac vepre in magnam silvam fiebant. Herbae putrefactae creverunt celare; rivi hieme aucti arenam et humum alia ad abdendum attulerunt; atque domum tandem nobis paratum occupavimus. Super nos, sub Iove, evenit similiter. Animalia advenerunt quae loco delectata se constiterunt, quo serius et augerentur et florerent. De praeterito tempore haud curabant, ut semper fieri solet; quia tanta fuit eorum industria. Sane, erant in loco et grumuli et tumuli nonnulli, et foramina complscula; sed haec usui erant. Nec de tempore futuro curant - hominibus fortasse reventuris - pro tempore - sicut fieri potest. Hodie Fera Silva plena est animalium; ut fit, sunt et bona et mala et mediocria - non accuso. Quot animalia, tot sententiae. Sed censeo te de illis aliquid cognovisse.'

Talpa horrescens 'Ita vero,' respondit.

Promulso Talpae humero, Meles 'Ehem, ut videtur,' inquit, 'haec nactus es primum. Illa non sunt animalia penitus mala; et sicut nos vivimus, vivant alia. Sententiam meam cras indicabo per viciniam, et credo te postea non esse laboraturum. Ego ne irascar, hac in regione amici mei perambulare possunt quo volunt.'

In culina cum revenissent Murem trepidantem repperunt. Et sollicitus et aere subterraneo oppressus est; et nisi ipse curaret, Flumen aufugiturum reapse credidit. Itaque paenula vestitus pistolas ad balteum iam portabat. Simul ac ceteros aspexit, 'Festina, o Talpa!' iussit anxie. 'Agedum! Interdiu proficisci debemus. Pernoctare iterum in Fera Silva nolo!'

'Tuti eritis ambo,' dixit Lutra, 'mi dulcissime rerum. Egomet comitabor, qui oculis opertis omnem callem noscitare possum, atque alicui caput si obtundere opus est, me obtusurum exspectare confidenter potes.'

Meles placide, 'Noli tibi animum angere,' addidit. 'Cuniculos habeo ampliores quam putas, et in nonnullis locis ad marginem silvae latebras, quamquam nisi perpauci nemo cognovit. Proficiscemini cum opus sit per viam compendiariam. Reside interim, et genio indulge.'

Mus nihilominus fluminis attingendi causa abire cupiebat. Lanterna resumpta, Meles igitur per cuniculum umidum suffocantem, qui partim fornicatus, partim saxeus, ubique tortuosus erat, ceteros per intervallum operosum nonnulla, ut visum est, milia passuum duxit. Denique incertus dies per implicatum ad os cuniculi virgultum conspectus est; atque comitibus per ostium propere pulsis Meles valedixit; tunc hedera frondibus foliisque reoccultavit et gradum rettulit.

Nunc ante saxa vepribus ac stipitibus circumplicata ad extremam Feram Silvam stabant. Pro eis erat immensum rus, cuius agri nivales sepibus nigris adumbrabantur; atque sole hiemali rubro ad orbem finientem appropinquante, effulgebat longinquum flumen bene notum. Quod Lutra omnem callem noverat, hoc duce profecti sunt recte scalas humiles remotas petituri. Eo cum venissent, moram fecerunt ut totam Feram Silvam minitabundam, crebram, saevam intra vastitatem candidam respicerent; sed tergis cito versis ad caminum familiarem, a voce laetabunda fluminis semper fidelis, qui tametsi aliquando obstupefaceret terrere solebat nunquam, arcessiti domum celeriter redierunt.

Talpa familiaria avide cupiens dum festinat se animal agreste, quae et sulcis et pascuis et semitis, quo vesperi sermo conferetur, et horto exculto studet, distincte censebat. Acerbitatem, tolerantiam pertinacem, luctationem rudis Naturae propriam, habeant alii; opus erat partes sagaciter agere, qui felices inceptis vitam satis repleturae erant.

V. DULCE DOMUM

CAPITIS SUBLATIS, oves inflabant nares graciles, et praepedes delicatos supplodentes contra crates confertae cucurrerant; atque tenuis ex ovile frequenti vapor in aerem frigidum oriebatur. Duo amici nostri laetabundi garruli multo cum risu celeriter praetermeaverunt. Per montana lata, unde nonnulli rivuli ad Flumen supplendum exsiliebant, longe per diem cum Lutra venati ac rimati, denique trans rus rediebant. Die hiemali brevi finiente tenebrescebat; adhuc tamen a domo distabant. Iter fortuito trans sulcos continuentes ad oves auditas se direxerant callis triti prope ovile inveniendi causa, quo facilius ambulare possent, et propriae animalium naturae, quae indubitanter 'Ita vero,' inquit, 'haec via domum reducit,' autem obsequebantur.

Calle in semitam iam aucta, viam stratam tandem adepti sunt. Gradu remisso, Talpa nonnihil haesitabundus 'Ut mihi videtur,' inquit, 'vico appropinquamus.' Cum animalia vicos non approbarent, eorum viae propriae multum tritae, ut erant, et ecclesiis et stationibus tabellariis et cauponibus neglectis ad suum arbitrium designatae sunt.

'Proh, non refert!' inquit Mus. 'Hoc in tempore anni homines domi, prope ad focum, reconditi sedent; viri, uxores, liberi, canes, feles et ceteri. Tranquille sane, et sine cura redditur - vel incommoditate vel molestia transibimus, atque si velis, per fenestras spectare poterimus ut quod faciant videamus.'

Nostris tacite advenientibus, brumalis nox viculum tenue niveum repente obscuraverat. Nisi quadrata rubra hebeta unde vel ignis vel lucernarum lux in tenebris penetrabat, erant in conspectu perpauca. Plurimae humiles transennae velis carebant, ut sive ad mensam cenatores sive manui studentes sive cum risu ac gestu loquentes, habitatores exteris spectatoribus illam beatam elegantiam, quam histrio callidus maximam adipiscitur ex usu - illam simplicem elegantiam quae solum se inobservatam credens fieri potest - habere viderentur. Ipsi a domo tam remoti, bini servatores desiderium vultibus exhibuerunt ut hic felem mulcendam, illic infantem qui semisomnus ferebatur cubiturus, vel hominem fessum qui ad lignum fumantem porrexit tabacotorii restinguendi causa, impense tenebant.

Sed visum est una de fenestrula, quae velo imposito a tenebris tegebatur, maximum domicilii et angustae absconditae vitae - maioribus ponderosis Naturae rebus exclusis oblitis - gaudium movere. Pendebat iuxta velum candidum cavea, clare adumbrata, cuius omne et filum et ramusculus et instrumentum, gleba etiam hesterni sacchari, delineabatur. In media cavea habitator plumosus, capite inter pennas truso, tam propinquus videbatur ut, si temptarent, mulcare facile possent; in tecto illuminato imae pennae tumescentes distincte sunt adumbratae. Dum aspiciunt, parvulus somniculosus conturbato motus surrectus est qui caput tolleret. Volucris oscitans otiose circumspexit ut rostrum parvulum apertum viderent; tum caput reposuit inter pennas, quae paulatim quiescerent. Dein a tergo aere frigido repente percussi et frigore nivis cum grandine mixtae adstricti, sicut ex somno experrecti sunt, ut digitos frigere artus lassavisse ac se a domo multo distare perciperent.

Cum et ipsum viculum et huius remotiores casas praeterivissent, utrimque per tenebras agros benignos denuo olfecerunt; atque constanter in ultimum longum iter profecti sunt domum, illo itinere quod obice detracto, luce ignis repente visa, a nostris notis rebus in spem erecti, quasi diu ac procul peregrinati, finiturum pro certo habemus. Fortiter et tranquille, uterque in meditatione sua, iter continuabant. Obscurissima ut erat nox, Talpa in mentem habebat cenam tantum ut Murem solum ducem oboedienter per terram incognitam sequeretur. Quod ad Murem attinuit, oculis in viam rectam caliginosam adiectis, sicut sua erat consuetudo, gibberose praeambulabat; itaque hic, cum Talpa, quasi sica confoditus, repente arcessitus sit, haud animadvertit. Non modo nos alii, qui subtiliores naturales sensus iampridem amisimus, verbis aptis ad consensum totae Naturae exprimendum caremus, sed etiam, exempli gratia, cum opus est exprimere cunctam tenerorum sensuum varietatem quibus nares animalis perpetuo et arcessuntur et stimulantur et repelluntur, solo verbo *olfacere* uti possumus. Talis audita est vox blandiloqua arcana quae repente per obscuritatem ad Talpam delata obsecratione notissima gestire fecit, etsi vim memini non potuit statim. In vestigio suo constitit quo facilius id tenue indicium, id iussum arcanum at potens, modo huc, modo illuc naribus repeteret. Brevissime moratus se recepit; et nunc memoriam copiosissime renovavit.

Erat domicilium suum proprium! Preces subtiles, tactus leni eius in pectus descenderunt, ut se manibus caecis trahi senseret. Sane, domum veterem, domum illo in die cum Flumen primum invenisset tam repente relictam, quam repetiverat nunquam, nunc propinquam esse scivit! At speculatores nuntiosque iam mittebat qui erum captum reducerentur. Illo ex tempore matutino claro cum fugivisset, ita cum omnibus gaudiis, improvisis ac usibus novis blandis in recenti vita fuerat ut domum in mentem vix habuisset. Atque adeo inter tenebras recordans quam clarissime vidit! Certe, tametsi sordida et parva et exiliter exornata, domus eius erat pro eo condita, quo rebus diurnis perfectis regredi laetus consueverat. Ac domus evidenter ab ero olim delecta desiderio movebatur, ut maesta, incusans, cum asperitate tamen vel ira non mota, eum per nares certiorem faceret; queribunda modo admonebat ut rediret.

Vox canora erat et sermo potens. Obtemperare oportuit ut instanter proficisceretur. 'Muselle!' perlaete clamavit, 'Ohe! Adveni! Te requiro! Citissime!'

'Proh, Talpa!' respondit Mus genialiter, 'Age! Festina!' qui itineri non intermitteret.

'Sis, Muselle, siste!' imploravit miser Talpa dolore commotus. 'Nonne scis quod velim? Domi paene adsum, adest domus mea propria! Eius odor attingit me! Propinqua, proxima quidem est! Atque debeo redire! Debeo! O Muselle, reveni! Sis, sis! Reveni!'

Iam Mus procul a fronte tantum aberat ut Talpae verba ac dolorosum vocis tenorem vix cerneret. Contemplabatur autem obscurum caelum, quia ipse nunc aliquid olfecerat, qui nivem appropinquare arbitraretur.

'O Talpa,' clamavit, 'Sistere haud possumus! Quodcumque invenisti, poterimus cras revenire repertum. Sed nunc consistere non audeo - admodum sero est, et mox adveniet nix, et de via in dubio sum. Atque nasum tuum requiro, Talpa. Festina, mi amice!' Itaque Mus responsum non exspectans iter repetivit.

Adversa fortuna pressus Talpa in media via stetit solus, pectore excruciatus, singultu suppresso, etiamsi hunc mox vehementer erupturum credebat. Fides etsi gravissime abducta pro amico etiam constitit. Ut effugeret haud contemplatus est. Nuntii interea a domo missi ut rediret et imploranter et insusurranter et obsecranter denique adroganter iubebant. Ab his circumclusus morari non ausus est. Animo fractus in viam contra intuitus est aegre et, languidis tenuibus exiguis odoribus, qui de recenti amicitia immitique neglegentia exprobarent, in nares insinuantibus Muris vestigia summisse secutus est.

Operose Murem inopinantem adsecutus est, qui laetus de agendis domi cum reditum esset, de lignis in foco splendide flagraturis, et de cena garrire coepit; comitis nec silentiam nec miseriam animadvertit. Denique tamen fere procul cum progressi essent stipites tenus, qui ad extremam silvam erant iuxta viam, constitit ubi indulgenter 'Iam Talpa,' inquit, 'mi vetule, te perfessum video. Loqui nequis, qui pedes quasi plumbeos trahis. Hic sedeamus nonnullos punctos requietis causa. Adhuc non ningit, neque multum abest quin iter perficiamus.'

Talpa destitutus in stipitem sedit qui motum animi sensum moderari conatus sit. Ille singultus tam longe suppressus vinci iam noluit, qui sursum, sursum ad aera aliis crebris sequentibus enixus sit; donec amissione fractus miser Talpa luctui indulgens quod omnia vix reperta perdiderat solute et palam lacrimavit.

Mus impotentis dolentis Talpae impetu attonitus ac perculsus paulisper non ausus est loqui. Denique cum consensu molliter 'Quid est, mi vetule?' rogavit, 'Quid perturbat? Explice quod angit ut mitigari coner.'

Quotiens pectus tumuit, totiens voce obstructa cohibita misero Talpae difficile fuit eloqui. 'Domum parvam sordidam obscuram esse,' tandem singultavit dolore confectus, 'scio: quin a domicilio tuo commodo - vel Bufonis pulchra - vel magna Melis domo - distet nullum dubium est - sed erat mea propria - quam diligebam - atque profectus memoriam deposui - tum repente olfeci - inter viam, cum me vocantem non audires, o Mus - atque omnia subito reperta cupivi - O! me miserum! - atque cum revenire noluisses, Muselle - atque deserere oportuit, etsi adsidue olfacerem - pectus rupturum putavi - nonne ut brevissime intueremur, Muselle, nos vertere potuimus? - paulisper modo aspiciendi causa? - proxima erat - sed verti noluisti, Muselle, verti noluisti! O! O! Me miserum!'

Recordationis causa amplius dolens singultus tam vehementer

renovavit ut potius non loqueretur.

Mus stupens nihil dixit, sed Talpae humerum leniter permulcuit. Tandem maestus, 'Nunc omnia intellego!' muttivit. 'Odiose me gessi! Turpiter etiam! Omnino probrose!'

Dum Talpae singultus minus fortes vel numerosiores sensim fiunt moratus est; moratus etiam dum aequabiles modo singultus audiuntur. Tum demum surrexit et, quasi incuriose, 'En, mi vetule!' praedicavit, 'Interest nostri iter perficere,' et secundum operosam viam regredi coepit.

'Quonam (*hic*) Muselle (*hic*) vadis?' petivit Talpa lacrimabundus, ut comitem oculis trepide tenebat.

'Illam domum tuam, mi vetule,' suaviter respondit Mus, 'proficiscimur inventum; tute igitur mecum venire debes, quod difficilis erit inventu, et nasum tuum requiremus.'

'Proh, Muselle, reveni! Sis!' clamavit Talpa surgens. 'Nihil proderit!' persequens produxit. 'Sero est, et tenebrosius, et locus longinquior, et mox ninget! At - in animo habui haud ut sententiam meam scires - omnino fortuito evenit, infortunium erat quod accidit! Ac Ripae vel cenae memoriam repete!'

'Ripa se conferatur in oblivionem!' inquit Mus ardenter. 'Cena quoque! Pro certo habe, tametsi opus sit foris pernoctare, locum inveniam. Itaque bono animo es, mi vetule, vade mecum ut illuc mox reveniamus.'

Talpa aversus obsecrans adhuc flebilis nihilominus a comite adrogante, qui hilari colloquio ac narratione hortabatur ut iter laboriosum expediretur, secundum viam regredi consentivit. Denique Mus, cum illam viae partem, ubi Talpa prohibitus erat, proximam esse censuisset, 'Nunc,' inquit, 'loqui desinamus. Sunt agenda! Naso utere, atque ardenter age!'

Paulatim longius tacite cum itum esset, Mus per artum coagmentum Talpae corpus tremiscere repente sensit. Artubus statim disiunctis immotus ac intentus mansit.

Signa dabantur, penetrabant!

Talpa brevissime constitit qui naribus erectis trementibus aera sentiret.

Tunc brevi procurrit - sed falso - se repressit - tentavit iterum;

deinde lente, tenaciter, sed ulla sine dubitatione progressus est.

Mure commoto vestigiis inhaerente, Talpa quasi somnambulans fossam siccam transivit, per sepem perrepsit et trans agrum apertum invium, sub languide stellarum luce, retectum humum olfaciens progressus est.

Monitu non dato repente descensit; sed in cuniculum, quo certae Talpae nares fideliter duxerant, vigil Mus prompte secutus est.

Locus septus erat auris exclusis, cuius humus admodum redolebat; atque procul itum esset, ut Muri visum est, cum extremo cuniculo attacto consistere ac se commovere posset. Luce sulphuratorum Suedicorum a Talpa percussorum Mus locum apertum mundum arena stratum vidit; atque ultro erat parva Talpae ianua, iuxta quam verba *'Talpae Sedes'* super funiculum aeris getice scripta sunt.

Talpa lanternam ex clavo de maceria captam accendit, quo facilius Mus circumspiciens sese in atrio reperiret. Ad ianuam erant hinc sella hortualis, illinc cylindrus hortensius; nam Talpa, qui domi mundum animal erat, vel cursus vel acervulos terrenos ab aliis animalibus factos tolerare non potuit. Pendebant de muris invicem et calathi filicum et simulacra gypsaea - Garibaldii, infantis Samuelis, Reginae Victoriae, et aliorum recentium Italiae virorum fortium.

Praeter obliquum atrii murum erat terra ludicra scamnis instructa cum mensulis ligneis, in quibus erant vestigia rotunda quae cervisiam bibitam significabant. In media atrii parte erat piscinella rotunda testis exornata, ubi nabant cyprini. Structura est ex media piscinella surrecta, itidem testis decorata, cum globo autem magno vitreo argentato, qui omnia suaviter repercussit, etsi falso.

His omnibus carissimis visis vultus Talpae fulguit, et Mure per ianuam ire incitato vestibuloque lucerna illuminato domicilium Talpae vetustum circumspexit. Pulverem ubique auctam, et domi diu neglectae habitum inlaetabilem desertum, atque eius et angustias et exiguitatem et statum sordidum vidit ut, omnibus visis, rostro inter praepedes posito, in sellam conlapsus sit. 'O Muselle!' maeste singultavit. 'Cur ita me gessi? Tali nocte ad hunc loculum mediocrem frigidum, cur duxi? Iam iuxta ripam, ante focum inter omnia tua digitos calefaceres, nisi me comitaris!'

Talpam flebiliter se obiurgantem Mus neglexit. Huc et illuc cucurrit, ostia apertum, cellas et armaria inspectum, lucernas candelasque accensas ubique positum. 'Egregia est haec domus!' bono animo praedicavit. 'Conferta! Perbene excogitata! Omnia ad vitam necessaria, atque omnia tam concinna! Hic pernoctabimus feliciter. Primum opus est ignis; hic est mihi cura - aliquid invenire semper possum. En hic est oecus? Euax! Nonne tu lectulos intra murum excogitavisti? Iam carbonemque ego ducam, dum tu Talpa panno - quem in culina inveneris, sub mensa, in loculo - eluere conaris. Agedum, mi vetule!'

Talpa a comite incitatus studio ac ardore se movit expurgandi atque expoliendi causa, dum Mus fomitis maniplis huc et illuc ductis incendium splendidum in foco cito comparat. Hic Talpam ut calefaceretur prope ad focum venire iussit; sed Talpa animum denuo despondens vultu tecto permiserrimus in toro subito recumpsit.

'O Mus!' luguit. 'Quid de cena, tu miser, frigide, famelice, fesse? Nullum est quod tibi dare possim - nulla quidem mica!'

'Ita facilius desperas!' Mus reprehensit. 'En, nuperrime in armario aspexi clare circumrosorium; significat igitur, ut quisque docti sumus, esse alicubi sardas. Surge! Age! Mecum veni appetitum!'

Ergo scrutari coeperunt ut omnia armaria et omne receptaculum inspicerent. Fructus tamen animum vix fregit, etsi melior esse posset sane; erat capsula sardarum - alia placentularum paene plena - et hillae germanicae lamina aluminea amictae.

Cena parata Mus 'Ecce epulas!' praedicavit. 'Sunt animalia, ut opinor, quae auriculos concederent ut nunc apud nos cenarent!'

'Sed nullum panem habemus!' Talpa gemuit maestissime; 'nec butyrum, neque - '

'Nec squillos tostos,' produxit Mus, 'neque ex agro Remorum vinum spumans,' subridens addidit. 'Itaque commonefio - illud ostiolum in culina ad angulum, quid celat? Sane, cellam vinariam tuam! Apud te cum splendore vivere possumus! Brevissime mane tantum.'

Sic fatur apothecae ostium excedens, qui mox nonnihil pulverulentus, cervisiae lagunculam utro praepede, binas alias sub humeros ferens emergeret. 'Effrenatus videris,' inquit, 'o Talpa. Continentiam praetermittis. Hoc optimum esse domicilium quod unquam vidi habeo pro certo. En, has picturas, unde nactus es? Videtur domus propter eas amoena. Quin hanc ames, Talpa, improvisum haud est. De ea memora nos, et acquirendi de cura.'

Deinde Mus sinapem aliasque res ad cenam necessarias paravit, et hic dum sedulo operam dat Talpa, pectore ob tumultum recentem adhuc commoto - primo modeste nonnihil, ingenue tamen ut sermonem producebat - huius de instituto, illius de adumbratione, de herediolo vel astuta emptione, et abstinentia vel compendio de possessione docuit. Tandem animo plene restituto cenaque tam desiderata etiam praetermissa opus fuit delectissimas res tangere et comiti diligenter fuse lateque dicere; Mus etsi magnam famem occultans 'Tot pulchra!' inquit, 'Quam venusta!' quandocumque potuit ut intentus sermonem audiebat.

Denique Talpa ad mensam allecto circumrosoriique usu modo incepto sonitus ex area - ut visum est, pedibus in glarea excitati - cum autem obtusi vocum puerilium murmures, quorum pauca verba - 'Ehem, ad lineam omnes! - Thomasule, lanternam altius tene - fauces purgate - semel, bis, ter dicam, tum tussire vetitum - Gulielmus, ubinam est? - Accedidum, omnes exspectamus - '

'Quid nunc est?' Mus haesitans quaesivit.

'Ut videtur,' respondit Talpa, 'mures agrestes adsunt,' prae se nonnihil ferens. 'Hoc in tempore anni vagi consuescunt carmina cantum. Huius regionis est institutum. Me obliviscuntur nunquam - ad Sedem Talpae adveniunt novissime; potiones calidas dare consuevi, cenam quoque, quot potui. Audire erit in memoriam reducere.'

'Aspiciamur!' suasit Mus surgens, qui ad ianuam festinaret.

Ianua aperta, quod viderunt pulchrum erat visu et tempestivum. In area sive octo sive decem mures agrestes parvuli coronam lanterna illuminatam produxerant, qui contra frigus vestiti praepedibusque in sacculos trusis pedes caleficiendos supplodebant. Interdum nonnihil naribus manicas applicantes inter se oculis nitidis verecunde subridentes aspiciebant.

Ianua aperiente quidam maior natu, qui lanternam ferebat, 'Semel, bis, ter!' modo dixit, atque statim voces acutes per aerem increverunt.

Carmen priscum, in agris quiescentibus frigidis vel cum foris ningeret prope ad focum compositum a maioribus ut ad ianuas caneretur traditum cecinerunt.

CARMEN

Omnes iam agrestes, hoc in tempore quamvis
frigus cum vento ac nive congelet, ostia vestra
ut nos iuxta focum caleamus nunc patefiant.
                    Gaudeamus omnes!

Hic stamus frigentes qui pedibus gelidam albam
conterimus terram digitosque adflamus inermes.
Huc venimus procul ad limen vos salvere iussum.
                    Gaudeamus igitur!

Autem in spem erecti mediam noctem prius astrae
luce repente allecti tum laeti viatores
iucundi ducti sumus fortuna sine cura.
                    Gaudeamus omnes!

Iamdudum Iosephus honestus quam simul astram
in caelo aspexit, 'Maria accedi!' iussit, et illa
gravida faenea sponte sua cunabula cepit.
                    Gaudeamus igitur!

E caelo primum divino ex ore est elocutus
'Christus natus est!' mox angelus, ut sua verba
gentibus orbis dein pecus gaudens ingeminaret.
                    Gaudeamus semper!

Voces ceciderunt, cantores subridentes etsi verecundi aspectus obliquos inter se dederunt, atque omnia omnesque conticuerunt - nonnullos tantum punctos tamen. Deinde, superne ac procul, secundum cuniculum ex quo nuperrime exstiterant, remotum canorum murmurillum, laetificus tintinnabulorum clangor, in aures latus est.

'Euax!' Mus vociferatus, 'Bellissimum fuit auditu!' benigne arbitratus est. 'Nunc introvenite omnes, ut iuxta ignem calescatis, et aliquid calefactorii bibatis.'

'Certe, adeste mures agrestes,' cupide accedit Talpa. 'Tempora priora nunc in memoriam rediguntur! Ianuam claudete. Id subsellium ante focum ponite. brevi autem moramini, donec - Proh! Mus!' titubavit ut desperans lacrimaturus in sellam se deiecit. 'Quid agimus? Nihil habemus quod demus!'

Mus imperiosus 'Ea cura mihi est,' dixit. 'Heus, tu lanternae gerulus! Adesdum. Alloqui volo. Nonne sunt tabernae hoc in tempore noctis apertae?'

'Nempe, o Bone,' mus agrestis observanter respondit. 'Hoc in tempore anni tabernarii multa nocte venditare consuescunt.'

'Ehem, opus est proficisci statim,' iussit Mus, 'cum lanterna tua, et mihi - '

Tum multum muttitum est, ut Talpa partim modo sententias distinguere posset - 'recentem, sane' exempli gratia, vel 'illius una libra abunda erit - nisi Bugginsi nihil - nisi optimum, nullum - ibi si non inveneris, ex alio loco peti - insulsum sane, incapsulatum nolo - en, age quantum potes!' Tum nummi a pede in pedem transientes tinnire auditi sunt; atque sporta data, mus agrestis cum lanterna profectus est cito.

Ceteri mures agrestes subsellio cruribus dependentibus insidentes voluptatem ex igne capere coeperunt, vel perniones torruere quoad formicarent; cum colloqui interea nollent Talpa, stemmata exquirens, praenomina enumerari iussit fratrum, quibus natu minoribus carminis canendi causa vagi adhuc, ut visum est, non licuit, etsi patris consensus mox exspectaturus esset.

Mus interim lagunculae pittaciam scrutabatur. 'Hanc percipio,' dixit, 'Veterem Burtonianam esse,' cum approbatione. 'O prudens Talpa! Profecto, optima est! Iam cervisiam decoquere possumus! Utensilia duce, Talpa, dum obturamenta extraho.'

Haud multo post, permixtione parata, cacabum inter prunas trusum est; et mox aderat nullus mus agrestis quin sorbillaret, et tussiret, et anhelaret (quia est in nonnulla etiam cervisia decocta multum), et oculos tergeret et rideret et se in vita unquam friguisse obliviscetur.

Talpa 'Hi sodales,' Muri exposuit, 'semel et saepius sunt histriones. Ipsi fabularum sunt et scriptores et histriones. Atque partes perbene agunt! Anno superiore praecelluerunt, cum fabulam egerunt de mure agresti qui, a Barbariano praedone mari captus, in servitium actuariae coactus est; qui elapsus domum rediit, sed eo cum venisset amatricem voto monachae obstrictam repperit. Heus, tu! Ut censeo, tu in scena fuisti. Surge, excerptum age!'

Mus agrestis ita arcessitus surrexit, verecunde risit, circumspexit, neque ullum verbum egit. Huius timiditatem nec sodales clamantes nec Talpa blandiens hortans nec Mus humeros prensatos quassans superare potuit. Sicut nautae Societatis Regiae Clementiae praecepta de casu longe submerso adhiberent, omnes operam dederunt; ianua tamen aperta, mus agrestis lanternae gerulus pondere sportae oppressus denuo apparuit.

Solida firma continenta, cum ex sporta in mensam traiecta essent, fabulam agendam animis prohibuerunt. Mure duce, aliquid aut facere aut petere omnes iussi sunt. Cena cum brevi tempore parata esset, Talpa qui ad caput accubaverat quasi in somnis mensam nuper nudam nunc victu condito crebre onustam vidit, vultusque amiculorum, qui cenare statim coeperunt, clarescere ac fulgere; at ipse effrenatus - famelicus enim erat sane - in pabulum tam mirabiliter praebitum incidit qui feliciter contra adversitatem domum redierat. Cenantes priora tempora in memoriam reducebant, ac mures agrestes recentem regionis sermonem conferentes ei quaerenti centiens responderunt. Muri vix loquenti ne ullus hospes aliquo ageret vel Talpa ne perturbaretur cura fuit.

Tandem cum tunicarum sacculos donis stipavissent pro fratribus sororibusque, pergrati tempestive gratulantes profecti sunt domum reditum. Ianua iam clausa, strepitusque lanternarum cum nullo modo audiri posset, Mus et Talpa igne excitato sellas ante focum traxerunt ut ultimam cervisiae decoctae potionem bibentes res in die gestas agitarent. Denique Mus operose oscitans, 'Talpa, mi vetule!' inquit, 'perfessus sum. Verbum 'somniculosus' haud sufficit. Lectulus tuus nonne est illic? Hunc igitur mihi est. Haec domus, quam amoena est! Hic adsunt omnia commoda!'

Lectulo escenso inter lodices se insinuavit, quem sicut messor mergitem somnus cito complecteretur.

Talpa quoque defessus cubitum libenter iens nullam moram fecit; moxque animo contento caput in pulvinum laetissime posuit. Ocellos tamen coeundos brevi impedit quo facilius veterem cellam intueretur quae cum consuetis benevolis rebus diutius partim modo memoria repetitis nunc sine invidia erum comiter recipiebat.

 Qualem Mus dexter inducere tranquille conatus erat, talem habuit Talpa animum. Domum simplicem ac inornatam - artam autem - esse vidit clare; sed clare vidit potius quantum debebat, quantum quoque talem firmam stationem aestimare oportuit. Ut nova vita et eius amplitudo relinqueretur vel sole et aere et eorum voluptatibus tantis omissis domum serperet mansum, haud voluit; a superioris mundi ratione tam vehementer vocabatur, sub terram quidem, ut se rediturum in scenam maiorem esse arbitratus sit. Placuit tamen ut hic locus, haec omnia sua tam laetabunda cum vidissent, erum semper avide reciperent.

VI. BUFO

EXIGUA PARTE AESTATIS lapsa, dies aderat serenus; flumen denuo repletum ex consuetudine fluebat, et sol clare radians omnia virentia spissa acuta ex humo ad se quasi nervis ducere videbatur. Talpa et Mus Aquaticus, qui prima luce surrexerant, naviculationis repetendae causa sat agitaverant multa huic apposita; opus fuerat et pingere, et ceram applicare, et remulos reficere, et sedularia sarcire, et uncinos absentes quaerere, et multa alia agere; atque iam ientaculo paene concluso consilium hodiernum in oeculo ardenter capientes gravem ad ianuam ictum audiverunt.

Vitello illitus Mus dubitatione aestuans 'Iam quis adest?' vociferatus, 'Quaere, o Talpa mi vetule, quippe enim finivisti!' produxit. Iusso peracto Talpa commotus exclamare auditus est. Tum oeci ostium cum cito aperuisset, 'Meles!' nuntiavit elatus.

Nullum dubium erat quin mirabile esset profecto cum Meles eos, vel quemquam adeo, salutandi causa adveniret. Si quis Melem repertum habere multum vellet, necesse erat aut aucupari ut praeter sepem vel multo mane vel vesperi tacite labebatur ut aliter, quae gravis inceptio fuit, eius in media silva domum indagare.

Meles in oecum firmiter progressus duo animalia intuitus est gravissime. Cochlearola in linteum demissa Mus hians immotus sedebat.

Tandem Meles 'Hora adest!' denuntiavit, magna cum severitate.

Mus trepidus horologium suspiciens, 'Quae hora?' rogavit.

'Potius,' respondit Meles, ' "cuius hora?" rogaveris. Bufonis est hora sane. Hora Bufonis! Ut dixi, mihi erat in animo eum in manus sumere, simul atque hiemis frigus finivisse pro certo habuerimus. Hodie igitur eum in manus sumam!'

'Hora Bufonis!' iteravit Talpa oblectatus. 'Sane! Nunc memini! Nos ut Bufo prudenter se gerat docebimus!'

Meles in cathedra sedit. 'Hoc ipso die,' produxit, 'ut heri fideliter certior factus sum, novissimum ac praeter modum potens automobile ad Villam Bufonianam adveniet, approbandi vel remittendi causa.

Mehercle! Haud scio quin ipsa in praesentia Bufo illo deformi recondito habitu vestiatur quem maxime amat, qui formosum plusve minusve Bufonem in Aliquid confert ut honestum animal eum reperiens convulsione doleat. Nobis agendum est statim, quippe enim mox sit serius. Ego vobiscum ad Villam Bufonianam proficiscar extemplo Bufonis servandi causa.'

Mus surgens 'Inter nos,' inquit, 'haec res convenit. Illud miserum infortunatum animal servabimus! De delictis deducemus! Opere perfecto servatissimus Bufo erit ad hoc locorum!'

Mele duce iter servandi causa facere coeperunt. Animalium coetus ne late in via agens periculum suscipiat neque igitur se defendere posset accurate ac prudenter singularis egreditur.

Privata Villae Bufonianae via attacta, coruscum novum automobile, sicut a Mele praevisum, permagnum, rubrum (itaque secundum consuetam Bufonis sententiam) ante ianuam invenerunt. Dum appropinquant, ianua subito aperta Bufo visutectorio, galero, ocreis atque immani amiculo vestitus manicasque gerens per gradus gloriose descendit.

Visitatoribus visis, 'Salvete!' clamavit laete. 'Venite! In tempore opportuno estis mecum hilare - hilare iter - hila - ' Severo rigido taciturum amicorum aspectu animadverso, lingua titubavit ut invitationem conficere non posset.

Meles per gradus ascendit. Comites duriter 'Eum introducete' iussit. Deinde, dum Bufo luctans recusans trans limen pulsatur, ad moderatorem vertit cui novum automobile erat curae.

'Ut censeo,' inquit, 'hodie non opus est auxilio tuo. Bufo sententiam mutavit. Automobile non requiret. Velim uti intellegas illud esse ultimum eventum. Non est cur maneas.' Tum cetera animalia secutus ianuam clausit.

In atrio cum quattuor animalia constarent, Bufoni 'Heus!' inquit. 'Primum, illo ridiculo gestamine te prive!'

'Recuso!' respondit Bufo, magno cum animo. 'Cur hac contumelia lacessis? Expone instanter!'

Meles statim 'Vos igitur' iussit, 'una privete eum.'

In pavimentum Bufonem recalcitrantem clamosum deiicere fuit opus quo facilius laborem convenienter perficerent. Dein Mure in corpore sedente Talpa vestimenta Bufoni paulatim detraxit, qui surgere tandem sineretur. Sicut armatura lauta, ut visum est, maxime evanuerat declamatio. Nunc ipse Bufo, iam non Terror Viarum, summisse cachinnavit, et quasi sortem admodum intellegens ceteros suppliciter intuitus est.

Meles austere 'Ut sciveris,' exposuit, 'o Bufo, nostrum fuit hoc facere denique. Quotiens monuimus, totiens neglexisti; diem de die pecuniam a patre legatam dissipavisti; et ob gestationem furentem tuam, fragores et cum vigilibus altercationes tuas nobis regionis animalibus infamiam infers. Quousque tandem abutere, Bufo, patientia nostra? Ad arbitrium tuum vivere placet sane, sed est inter nos animalia vitae ratio conscripta, cuius limitem stultitia tua transcendisti. En, saepe in quo ad mores attinet te geris bene, ut severius de te agere nolim. Immoderationem tuam temperare conabor ultimum. Mecum in fumarium venies, ubi de tetemet certior fies; atque te Bufonem eundem esse annon egressi reperiemus.'

Lacerto Bufonis capto in fumarium duxit, et ostium clausit.

Mus fastidiosus 'Non proderit,' opinatus est. 'Bufoni incusare haud sanabit. Quidquam dicere vult, dicet, ut semper fit. Naturam expelles furca, tamen usque recurret.'

Cathedris genio indulgentes patienter exspectabant. Sicut undae maris crescentes cadentes, per ostium clausum vocis bombum Melis longum adsiduum audiri aegre potuit; moxque sermonem interpungi, manifesto ex imo Bufonis pectore singultibus - nam mollis pius ac facilis ad sententiam, pro tempore, erat conversu - audire coeperunt.

Tribus quartis horae partibus post, ostium apertum est, atque Meles rursus apparuit qui languidissimum demissum Bufonem praepede graviter duxit. Illius cutis marcida et crura erant incerta, et lacrimis copiosis a commoventi Melis colloquio citis genae humefiebant.

Meles sellam digito indicavit. 'Sede, o Bufo' iussit. 'Mi sodales,' continuavit, 'Valde me iuvat denique nuntiare Bufonem concedisse. Priorum delictorum eum paenitet, atque automobilia in perpetuum omnino dimittere pollicitus est. Sic fidem dat magna cum gravitate.'

'Id est bonum auditu,' dixit Talpa serio.

'Ita vero,' addidit Mus nonnihil dubitanter. 'Si modo - si modo - ' Ita loquens Bufonem diligenter intuebatur, neque enim illius ocellum adhuc maestum scintillare omnino negare potuit.

Meles grate 'Restat,' renovavit, 'ut extremam rem agamus. His coram sodalibus, o Bufo, volo ut ea quae iam mihi in fumario confessus es sollenniter iteres. Primum: omnium delictorum te paenitet, et stultitiam nonne agnoris?'

Facta est mora perlonga. Ceteris animalibus cum silentio graviter exspectantibus, Bufo modo huc modo illuc desperanter circumspexit. Denique elocutus est.

'Nolo!' dixit fortiter etsi morose. 'Nec paenitet, nec fuit stultitia! Re gloriabar penitus!'

'Quidnam dicis?' rogavit Meles animo multum offenso. 'O inconstans animal, eo in loco nonne mihi dixisti tantum - '

'Sane, sane, eo in loco,' inquit ardens Bufo. 'Eo in loco quodlibet dicerem. Ita facundus es, mi dulcissime Meles, et animi movendi capax, et tam bene ratiocinaris - eo in loco, ut scis, ad aliquid inducere facillime potuisti. Sed egressus iam in me nimium inquiro ac perpendeo ut invite me gerere haud possum. Itaque aliter loqui inane est. Nonne ita putas?'

'Nonne polliceris,' rogavit Meles, 'automobile nunquam rursus attrectare?'

'Minime,!' Bufo significanter respondit. 'Nolo! Per contrarium, affirmo ut, simul atque automobile aspexero, Pup-pup! proficiscar!'

'Haec, o Talpa,' inquit Mus, 'Nonne praedicavi?'

Meles surrexit. 'Ehem, ita res se habeat!' inquit firmiter. 'Quoniam suadere non possumus, opus est vim inferre. Usque ab initio hoc erat metuendum. Hac in villa lauta tua, Bufo, hospitium nobis tribus saepe obtulisti; en, hoc in tempore accipimus. Quoad proclivitas tua evanuerit non discedemus. Vos ambo, eum in cubiculum ductum concludete, ut res inter nos componamus.'

Bufo recalcitrans luctans per scalas a duobus amicis tractus est. 'Oh, Bufonelle,' inquit Mus benevolenter, 'haec tibi bono esse scis. Repete ludos, quibus gavisi quondam denuo in futurum gaudebimus, his de gravibus dementis cum actum erit!'

'Omnia tua,' addidit Talpa, 'nobis erunt curae, donec recuperaveris. Rem quoque familiarem custodiemus, ne dissipetur.'

Bufoni dum in cubiculum proiicietur 'Casus paenitendi,' inquit Mus, 'cum vigilibus ad finem iam adducti sunt.'

'Atque in valetudinario,' addidit Talpa, 'diu cunctari opus non iam erit. Non iam a mulieribus adsidi,' clavem vertens.

Bufone per foramen maledicta coniiciente scalas descenderunt; itaque tres sodales inter se consilia contulerunt.

Meles suspirans 'Grave pensum est,' inquit. 'Bufonem ad hunc certum modum vidi nunquam. Rem nihilominus peragemus. Incustoditus nunquam relinquatur brevissime. Opus erit eum invicem comitari, donec venenum erit solutum.'

Vigilias igitur agendas composuerunt. Omni animali invicem in cubiculo Bufonis pernoctaturo, diem inter sese diviserunt. Non dubium est quin Bufo custodibus attentis primo esset molestus. Vehementi febris accessione raptus, sellas ut automobile adumbrarent in cubiculo disposuit, quarum in primam se demittens ac constanter prospiciens stridores horrendas rudes iacuit, quoad gradatione adepta supersaltum egit et inter sellas fractas quasi, ut videbatur, re pro tempore contentus se prostravit. Tempore tamen lapsa, his acerbis tentationibus paulatim decretis, custodes impetum animi seducere conati sunt. Sed ille aliis rebus operam dare nequibat, qui languescens animo adfligeretur.

* * * * *

Aderat serenus dies cum Mus, cui opus fuit custodire, Melem praetrepidantem excepit, qui per silvam et foramina cuniculosque suos vagari cupiebat. Muri extra ostium 'Bufo adhuc,' inquit, 'lecto tenetur. Non multum dicit nisi "Proh, noli lacessere, nihilo egeo, haud scit quin melius mox se habeat, fortasse convalescebit, noli nimium laborare," et cetera. En, Mus, diligenter custodi! Cum tranquillus videtur atque oboediens, sicut vir fortis pudicus fabulosae narrationis, tum vaferrime se gerit. Aliquid mali parat. Id habeo pro certo. Ehem, nunc proficisci oportet.'

'Salve, mi vetule!' iussit hilare Mus, ut ad lectum Bufonis appropinquabat. 'Hodie quid agis?' rogavit.

Opus fuit aliquamdiu responsum exspectare. Denique vox informa 'Gratias ago,' respondit, 'O Mus, mi dulcissime rerum, qui ita benevole quaeris! Primo tamen de temet et de bono Talpa certiorem me fac.'

'Proh, suaviter agimus,' respondit Mus, 'ut nunc est. Talpa,' produxit incaute, 'cum Mele profectus est erratum. Donec meridie aberunt; itaque ego tecum tempore matutino voluptatem percipiam, et te oblectare valde conabor. En, mi dulcissime rerum, surge, surge, num hoc in sereno die in maerore iacere vis?'

'O Mus!' obmurmuravit Bufo. 'Ita me indulges! Intellegis nec corporis mei habitudinem, nec magnam laborem nisi in lecto - perpetuo fortasse! - maneam. Sed noli dolere. Perturbare amicos meos non cupio, et non multo longius me perturbaturum esse credo. Vero haud multum abest quin ita sperem.'

'Ehem, egomet ita spero,' inquit Mus ardenter. 'Nobis iam diu curae es, et molestia cessatura placet. Hoc etiam sereno die, ubi tempus ad naviculationem idoneum incipit! O Bufo, male te geris! Etsi animo de molestia non angimur, multa nihilominus de nostra delectatione decedere est opus.'

'Arbitror vos,' languide respondit Bufo, 'angorem tamen animo habere de molestia. Perfecte complector. Rerum est natura. Taedet vos. Ne amplius agatis mihi est desinere. Scio me vexare.'

'Ita vero,' concordavit Mus, 'vexas. Sed praedico, dummodo te geras rationaliter, quidquam pro te faciam.'

'O Mus,' murmuravit Bufo. 'Hoc si credere possim' iam remissius 'te obsecram - veri simile est, finem spectans - ut quam celerrime ad pagum festines - forsitan iam serius sit - medicum arcessitum. Sed ita noli curare. Cura est tantummodo, et eventum opperiri forsitan debeamus.'

'Cur medicum consulere vis?' Mus appropinquans scrutandi causa interrogavit. Alter, cuius vox et vultus infirmiores nunc erant, immotus recumbebat.

'Nonne,' dixit remissa voce Bufo, 'nuper animadvertisti - Sed minime, nulla fuit causa. Animadvertere est molestiam afferre tantum. Cras adeo "O me miserum!" dices, "Maturius dummodo animadvertissem, vel subvenissem!" Sed minime, pensum est. Sodes - rem obliviscere.'

Mus timescens 'En, mi vetule,' inquit, 'medicum sane arcessam si vere velis. Sed iam opus fere deest. De aliis rebus colloquamur.'

Bufo subridens 'Mi dulcissime!' respondit dolenter, 'Hac in re vix censeo verbum 'colloquium' praevaliturum esse - vel medicum etiam; opus est nihilominus spei insistere. Atque obiter - dum agis - molestiam ampliorem dare nolo, sed ianuam te praeteriturum memini - iurisperitum petere ut visat nonne attendes? Mihi commodo sit, atque restant nonnulla temporis puncta - forsitan "unum punctum" dicam - ubi iniucunda pensa agere oportet, labore quacunque anima defatigata sit!'

Mus iam territus sibi 'Iurisperitus!' inquit. 'En, eum gravissime aegrotare pro certo habeo!' Atque pedem ex cubiculo maturavit, nec Bufonem sub clave relinquere neglexit sane.

Extra moratus, statum secum agitavit. Duo alii cum procul aberant consulere non potuit. Complexione in animo versata, 'Habeat res cautionem,' decrevit. 'Hoc ante tempus, ut memini, Bufo nullis iniustis de causis sibi male esse credidit; eum tamen iurisperitum arcessere hactenus audivi nunquam! Si vere in morbum non est affectus, medicus spem ostendens animum iam demissum et depressum eriget; quod utile erit. Remissum si fieri potest linquam; iam ego cito huc revertor.' Itaque ad pagum clementiae causa profectus est.

Bufo, qui clave versata audita statim de lectulo agiliter saliverat, Murem ex oculis secundum viam glareosam discessisse insidiatus est avide. Dein magno cum studio ridens, quam ocissime lautissima ad manum vestimenta sibi amicuit, praesenti pecunia ex abaco sumpta sacculos stipavit, denique linteis de lectulo captatis conligatis funem ex tempore fabricatum fenestrae lautae Tudoris, quae decus erat cubiculo, ad trabem fixit ut in terram velociter descenderet; deinde festive sibilans hilare in diversum Mure iter profectus est.

Meli Talpaeque cum tandem regressi essent Mus perdolens miseram et ad persuadendum haud facilem operis rationem inter prandium exponere debebat. Melis observationes acerbae vel efferatae ad inferendum aptae praetermittantur; sed Murem paenitet quod Talpa qui, etsi amico quam maxime consolabatur, 'Hoc in tempore,' dicere, 'vervex fuisti, o Muselle! De Bufone quidem!' non abstinuit.

'Operam perbene in re consumpsit,' inquit Mus demissus.

'Operam perbene in *te* consumpsit!' vehementer respondit Meles. 'Colloqui tamen non est vitia emendare. Interea eum evasisse pro certo habemus; peius etiam, putativa astutia vel inani persuasione tumescens in ineptias, in stultitiam adeo, se admittere potest. Nunc libere saltem agere possumus, et opus nobis custodibus est tempus non longius perdere. Sed apud Bufonem pernoctare debemus paulisper. Nescio quin Bufo confestim - sive laesus, sive inter binos vigiles - reducatur.'

Sic fatus est Meles qui novit nec laborem nec miseriam futuram antequam Bufo in avito fundo otiose requiescat.

* * * * *

Haec dum geruntur Bufo laetus, cui ratio reddenda aberat, procul a domo secundum viam publicam alacriter ambulabat. Ne aliquis exsequeretur, primo per devias calles festinans, dein multa prata transiens, cursum frequenter commutaverat. Nunc tamen cum et recipiendi metus non magis occuparet, et sol tam longe lateque luceret, et cunctae Naturae vox ad panegyricum in pectore carmen coniungeretur, voluptate atque inani superbia tumescens iter quasi saltans continuabat.

'Sic egi callide!' sibi adfirmavit subridens. 'Contra brutam vim mens - et mens vicit - ineluctabile. O miser Mus! Mehercle, Meles regressus nonne obiurgabit? Mus probus est et honestus, sed ei et acumen et cultura desunt. Eius in educationem corrigendam aliquando incumbere debebo.'

Ita adroganti de se persuasione repletus tantoque in fastu spatiatus est dum ad oppidulum pervenit ubi insigne 'Leo Rufus,' quod super medium cardinem de hospitio pendebat, eum non adhuc ientavisse et fame igitur laborare monuit. In hospitium ingressus, prandium ex tempore optimum imperavit, cuius edendi causa in refectorio exspectans sedit.

Dimidia parte prandii vorata, sonitum modo consuetiorem praeter viam accedere audivit, qui ei admirationem ita movit ut omnibus artubus contumesceret. Illud *'Pup-pup!'* accessit, et automobili in cohortem venisse ac constitisse audito Bufoni ut invictum animi motum reprimeret opus fuit pedem mensae arripere. Mox viatores loquaces laeti, de usu matutino et celeri currus de virtute garrientes, cibi petendi causa in refectorium cupide intraverunt. Sermonis parumper avide auscultati Bufo impatiens denique abhorruit. Ex refectorio tacite egressus, pro cibo solvit et simul ac ianuam excederat ad cohortem tranquille ambulavit. 'Inspicere modo,' ratum 'nonne innocuum est?' fecit.

Automobile in media cohorte nudum agasonis stabat, nam ministerium nunc prandebat. Bufo circumambulans lente inspexit, iudicavit vel penitus cogitavit.

Sibi mox 'Miror,' inquit, 'hoc de genere automobilis. Nonne motor facilis est commotu?'

Ac confestim clavum prensatum etsi vix sciens volvit. Audito sonitu consueto, superavit consueta cupiditas Bufonem captam. Quasi in somnis, in loco directoris se repperit; quasi in somnis, vecte tracto automobile trans cohortem et per porticum direxit; et, quasi in somnis, iudicium et prudentia, eventi metus qui sequatur manifeste, ad tempus ei intermitti videbantur. Acceleravit, et dum automobile oppidulo relicto per agrum apertissimum in viam prosilit, denuo se Bufonem, illum Bufonem optimum maximum, Bufonem inimicis terrorem, vehiculis domitorem, viis dominum egregium se novit, cuius voluntati nemo negligens erat quin poenas daret vel funditus deleretur!

Volabat canens, cui automobile bombo sonoro respondebat; multa milia passuum consumpsit, etsi nec destinationem nec fata novit, qui sortem temere praeteribat.

* * * * *

Princeps conventus hilare 'Ut censeo,' inquit, 'una hac in directissima causa est difficultas, quae est, quem ad modum poenas hunc contra obstinatum perditum cum corruptis moribus nequam satis aptas concoquere possumus. Enumeremus: clarissime damnatus est, primum ob automobile pretiosum subductum; dein, ob salutem publicam in periculum ac discrimen vocatum; postremum, ob magnam in vigiles rusticos insolentiam. Sodes, o Scriba, horum maleficiorum singillatim de poenis durissimis certiores nos fac. Sine pro reo, sane, ullo de dubio beneficio, quia nullum dubium est.'

Scriba nasum calamo rasit. 'Sunt qui,' dixit, 'automobile subduxisse pessimum fuisse maleficiorum arbitrentur; et recte quidem. Nullum tamen dubium est quin insolentia in vigiles gravissimas poenas inferat; optimo iure. Suadeo ut poenas mensium duodecim de furto det, quo leniter agis; et annorum trium de gestatione furenti, quae poenas clementes sunt; et de insolentia poenas annorum quindecim, nam testimonio dicto considerato, insolentia fere turpis fuit, etiamsi parti decimae solum credere possumus, et egomet magis credo nihilo - nisi fallor, hi numeri summam faciunt annorum undeviginti - '

'Perbene placet!' inquit Princeps conventus.

'Itaque,' conclusit Scriba, 'ne clementius agas, necesse est ut poenas annorum viginti iuste det.

Princeps comprobans 'Bene suasisti!' declaravit. 'Bufo reus! Te conlige et erectus esto! Hoc a tempore viginti annos in carcere manebis. At memento: si ante nos, quocunque modo accusatus, rursus apparueris, gravissime opus erit agere!'

Dein immanes legis ministri in infelicem Bufonem inciderunt, quem ululantem obsecrantem recusantem ex basilica vinculis oneratum traxerunt; trans forum, ubi multitudo iocosa, semper in delictum compertum tam maledica quam in transfugam officiosa ac consentiens, et sibilis et derisu et pastinacis et contumeliis lacesserunt; praeter discipulos acclamantes, quorum vultus simplices honestiore vexato aspecto radiabant, ut semper fit tali in re; trans pontem levatorium resonum, sub cataractam clavis trabalibus ornatam, per torvum taetrae veteris turriti arcis fornicem; praeter stativa militibus languescentibus plena, praeter excubitores qui asperis facetiis tussiverunt, quo modo excubitor positus contemptionem ac vitiorum detestationem ostendere quam maxime potest; per gradus sinuosos tritos sursum versus, praeter custodes loricis galeisque ferreis amictos qui inter bucculas minaciter intuebantur; trans cohortes ubi Molossi canes copulas et omnes nervos tendebant ad eum capiendum; praeter veteres custodes, qui, hastis ad murum appositis, de crustis ac fusca cervisia praesto torpebant; ultra ultraque, praeter cellas arcanas ad ultimam poenam et alias ad cruciandum paratas, quoad arcae taeterrimae ostium attigerunt quae in ima custodia iacuit. Ante veterem custodem, qui sedens claves attrectabat, denique substiterunt.

Galea a capite sublata, praepositus vigilum frontem pertergens 'Mehercle!' inquit, 'Te cieto, mi vetule, ut hunc capias turpissimum Bufonem, hunc sontem culpabilissimum cuius astutia ac firmitudo sunt incomparabiles. Summa cum prudentia opus tibi est excubare et custodire; et nota bene, mi annose, caput improbitate facta noli dubitare quin pro te respondeat - summo cum tormento!'

Custos truculenter nutavit qui infelicis Bufonis humero manum marcidam iniecit. Clavis robigine laesa in sera striduit, ostium onerosum pone eos resonavit; atque Bufo in imo robore arcis diligentissime custoditae validissimi omnium in Anglia castelli, spei expers, coniectus erat.

VII. CANTOR AD PORTAS AURORAE

TROCHILUS SUB MARGINE RIPAE ex occulto tenuiter pipilabat. Etsi decimam post horam, caelum de sole occiso adhuc tarde sublucebat; brevi nocte aestiva remissiores tepores referente, aestuosus caeli pomeridiani furor iucundis zephyri auris iam minuebatur. Talpa ob vim diei omnino innubis incitam adhuc anhelus in ripa discumbens amicum rediturum exspectabat. Sodalibus comitatus fluminis voluptatibus delectatus erat, ut Mus Aquaticus, qui multo ante promiserat ad Lutram expleret; atque regressus domicilium obscurum vacuum compererat, sine ullo Muris vestigio qui nimirum de inveterata amicitia morabatur. Etiamnunc aestuosius erat quo intus non maneret qui in frigidis rumicis foliis iacens diei acta oblectatoria animo agitaret.

Leves Muris passus trans aridam herbam appropinquare mox auditi sunt. 'O dulce frigus!' locutus sedit, qui flumen intuens animo cogitans conticesceret.

Mox 'Nonne cenavisti?' rogavit Talpa.

'Optio defuit,' respondit Mus. 'Maturius linquere vetuerunt. Eorum comitatem noris bene. Atque cum profectus sim, etiamtum gaudere conabantur. Tametsi dissimulare miseri temptabant, sollicitudinem ego, cui puduit, ignorare haud potui. O Talpa, sollicitudine adficiuntur. Portleius ille parvulus rursus abest; pater, ut scis, bene amat, etsi mentionem facit raro.'

'Proh, ille parvulus?' inquit remisse Talpa. 'Ehem, absit; cur angorem habes? Errabundus frequenter amittitur, sed rursus apparet intervallo; ita temerarius est. Sed nunquam laesus. Hunc sicut ipsum Lutram omnes noverunt et amant. Pro certo habe, animal etsi quid nescio eum repertum incolumem reducet. Nos ipsi sane procul a domo, tutum nihilominus et laetabundum repperimus.'

'Ita vero; sed hoc in tempore,' inquit severus Mus, 'gravius est. Nunc multos dies amittitur, et Lutrae ubique, omnibus in latebris, frustra appetiverunt. Atque omne per regionem animal rogaverunt, sed nemo est quin ignoret omnino ubi sit. Lutra manifeste curat maius quam concedere vult. Ut videtur, Portleius bene nare adhuc vix potest, et patrem eius in mentem aggeris periculam habere credo. Aquae altiores sunt intempestive, et ille locus fascinat semper. Sunt autem - ehem, plagae, et cetera - ut tute scis. Lutrae multum abest ut de filio angatur inaniter. Angitur nihilominus. Me discedentem comitatus est - ut dixit, ut gestetur, artubusque ad utendum. Sed aliam creditam causam elicui quo plenius certior factus sim. Habebat in animo prope vadum pervigilare. Locum ubi olim fuit vadum, antequam pons structus est, nonne noveris?'

'Novi bene,' respondit Talpa. 'Sed illum cur Lutra eligit locum?'

'Ut videtur,' produxit Mus, 'illo in loco Portleius a patre doctus primum expertus est nare. Ex humili glareosa lingua, prope ripam. Illo in loco piscari doctus, Portlellus primo pisce tantum est elatus. Amabat locum: Lutra censet eum redientem - si rediturum nunc credere possumus - vadum carissimum petiturum esse; ac forsitan loco bene recognito moreretur ludendi causa. Itaque Lutra in noctes singulas pervigilat - fortunae enim gratia filium reperiat.'

Parumper conticuerunt dum similiter - de solitario anxio animali, prope vadum latito, intuenti, exspectanti - fortunae causa - ambo meditantur.

Mox, 'En, ut opinor,' inquit Mus, 'lectulos petere debemus.' Sed se movere non dedit.

'Heu! Mus,' inquit Talpa. 'Haud facile possum lectulum petere, et dormire, et nihil agere, tametsi aliquid utilis non possumus. Lintrem solvemus et adverso flumine paullulum remigemus. Fere post unam horam luna oriente quam maxime quaeremus - quoquo modo potius erit aut quam dormire aut nihil agere.'

'Ita puto exquisite,' inquit Mus. 'Est nox ad dormiendum incommoda; prima luce cum non longe abest in itinere ab hospitibus tempestivis certiores de eo fortasse fiemus.'

Lintre soluta, Mus caute remigavit. Erat in medio flumine purus atque angustus traiectus qui caelum languide repercutiebat; quacunque tamen erant in aquis sive ripae, sive dumeti, sive arboris umbrae, has Muri opus fuit diligenter secernere ne linter sive vadis sive ripa illideretur. Obscura et derelicta ut erat, nox hebetibus sonis completa est; quasi et cantu et murmure et susurro, quibus significabantur parvula animalia, quae noctabunda agerent quoad sole tandem illuminata merito abirent dormitum. Ipsae autem aquae, quarum soni de nocte plus quam de die clariores erant auditu, singultus propinquiores vel improvisiores producebant; atque inopinatis claris quasi re vera vocibus duo comites frequenter tremefacti sunt.

Orbis finiens sub imo caelo distincte adumbratus luminositatem discrevit argenteum crescentem. Tandem super exspectantem terrae marginem luna lente atque auguste orta in iter caeleste regaliter profecta est; atque superficies recernere coeperunt - prata patentia, vel hortos tranquillos, et ipsum totam per latitudinem flumen, torvitate atque omnibus arcanis elutis, omnia quasi interdiu splendida, etsi maxime cum dissimilitudine. Sedes consuetae varie vestitae salute impertiverunt quasi furtim hanc novem vestem sese amictum abiissent quae placide cum reventum esset agnoscendae verecunde subridentes opperiebantur.

Lintre ad salicem religata, amici hoc in silens argenteum regnum egressi sepes, truncos cavos, rivulos ac fossas, et alveos siccaneos patienter perscrutati sunt. Conscenderunt iterum, et transitum cum esset hoc in modo flumen progressi sunt, quibus serena procul in puro caelo luna quam maxime subvenit; dum exspectata hora sua aderat, et invita cum ad terram venisset eos occultissimis fluminis ac prati rebus dedit.

Deinde magna rerum permutatio tarde se patefacere coepit. Orbis finiens clarius factus est visu, pratum atque arbor in aspectu etiamsi paulo dissimiliore venerunt; et arcana labi coeperunt. Volucris pipilavit subito, tunc siluit; levis orta est aura quae calamos ac scirpos ut inhorrescerent suasit. Mus, qui Talpa remigante in puppe lintris sedebat, repente erectus intente auscultare coepit. Talpa, qui remos ut lintre vix movente ripas diligenter inspiceret leniter ducebat, curiosis oculis perspicuit.

'Abiit!' Suspirio petito Mus resedit. 'Tam dulcis et novus et insolitus! Quoniam cito finivit, nunquam audivisse paene volo. Desiderium enim in me excitavit quod angorem dat, et nullum operae pretium est quin sonum iterum repertum auscultem in aeternum. Minime! Adest iterum!' reexcitatus edixit. Incantatus longe tacuit.

'Nunc sonum diminuentem perdere coepi,' inquit mox. 'Heu! Talpa, tam dulcis fuit! Cum felicitate ac laetitia, voce quidem liquida, tenui, clara, hilara etsi ex longinquo! Talis est musica, qualem somniavi nunquam, et virtute eius vox superat etiam musicae suavitatem! Remiga, Talpa, remiga! Nos enim ipsos musica et vox arcessunt!'

Mirabundus paruit Talpa. 'Ego nihil audio,' inquit, 'nisi illas auras quae inter calamos et scirpos et vimina ludunt.'

Mus nullum responsum dedit, si adeo audiverat. Elatus, insanis, praetrepidans, erat omnibus hac nova divina peritia in sensibus occupatus quae animam inopem quasi infantem firmiter comprehensum impotentem laetum nihilominus fovebat.

Lingua occlusa, Talpa constanter remigabat; atque locum mox attigerunt ubi flumen in partes duas divisum est, quarum una erat lacuna longa collata.

Mus, qui clavum iamdudum dimiserat, nutu capitis lacunam indicavit ut linter istorsum dirigeretur. Luce quasi fluida crescente colores ad marginem aquarum floribus gemmosam videre potuerunt.

'Clarior est,' inquit Mus laetus, 'et propior etiam. Nonne audis? Aha - sane - te audire nunc scio!'

Sicut fluctus natatorem obruit, liquida calamorum vox Talpam oppressit qui, totus in illa, anhelus stupens remigare desineret. Lacrimis amici in genis visis, iam intellegens caput demisit. Lysimachia mulsi parumper morati sunt prope ripam; tumque clara imperiosa postulatio, qui collusor intimus erat canori inebrienti, numen Talpae imposuit, ut sine arbitrio suo remos reduceret. Atque contra consuetudinem aurorae, etsi lux assidue amplificabatur, volucris cecinit nulla; et caeleste excepta musica, omnia erant mirandum in modum placida.

Utrimque herbam pratensem ut prolabebantur virentissimam ac novissimam viderunt. Rosas tam vividas, epilobium tam luxurians, spiraeam tam diffusam odoriferam antea viderant nunquam. Deinde aggerem appropinquantes huiusque murmure percepto sese finem, quodcunque esset, appetituros credebant.

Agger magnus viridis inter ripas hemicyclo spumanti lucenti aquarum gliscentium, ut summae aquae vorticosae essent et spumosae, lacunam obsepiens omnes alios sonos hebetebat. Erat in mediis aquis insula parva sinu aggeris protecta, cuius in margine orti sunt crebre et salices et betulae et alni. Insula taciturna recondita etsi multo in cogitationem insinuans res arcanas hoc velamento celabat quoad electi in tempore opportuno adessent.

 Duo nostra animalia lente, sine tamen ulla haesitatione sed sollenni cum spe, aquas turbulentes transierunt, lintrem ad marginem florulentam insulae religatum. Silentio egressi per flores atque herbas odoriferes ac virgultas usque ad loculum planum perrepserunt, ubi Naturae pomario - prunis cerasis aliisque silvestribus circumdati in pulchro viridissimo pratulo denique steterunt.

 Quasi incantatus, 'Hic est locus,' Mus insusurravit, 'carmine in somnio mihi depictus. Pro certo nusquam, nisi hoc in sancto loco, nos Illum reperturos esse habeo!'

 Tum autem Talpa repente pavefactus nervis suis in quilon mutatis capiteque inclinato se movere haud potuit. Venerationem subito percepit sine metu - atque adeo et tranquillum et laetabundum mirabiliter se sensit - sed valens erat formido quo certius Potentia Augusta proxima etsi invisa portenderetur. Aegre amicum animadvertit, qui similiter opprimi et graviter contremiscere videtur. Atque adhuc de avibus inter ramos circumcludentes erat silentium perfectum; atque inexorabile crescebat lux.

 Cantus quamquam remissus, nescio quin suscipere non auderet nisi adroganter et imperiose etiamtum arcesseretur. Etsi mysteriis visis ipse mortalis Morti poenas gravissimas statim daret, oboedire modo potuit tremebundus. Tot fuerunt illic, quot habet Natura colores, pictaque dissimili flore nitebat humus sub luce praesentis aurorae et, capite verecunde sublato, in ipsos Amici Adiutoris oculos suspexit; cornua quoque reincurvata crescente luce nitentia; inter oculos benevolos nasum severum aduncum super os barbatum ad angulos suos subridens; lacertum musculosum in pectore positum, et in longis lentis manibus adhuc iuxta labia calamos; robustos pilosorum artuum sinus in gramine regaliter quiescentes; denique ipsas inter ungulas tranquillam parvulam pinguem puerilis lutrae figuram aequo animo atque arte dormientem animadvertit. Haec omnia splendide illustrata conspexit cito; atque conspiciens nihilominus vivebat; ac vivens mirabatur.

 Tandem 'Mus!' tremebundus insusurravit. 'Nonne times?'

 'Quamobrem timeam?' respondit voce remissa Mus, cuius oculi infando amore fulgebant. 'Propter Illum? Oh, timere nequeo! Sed - oh,

Talpa, - sed timeo nihilominus.'

Tum genibus flectis capitibusque demissis adoraverunt.

Repente ac magnifice super marginem terrae amplus aureus solis orbis se patefecit; cuius prima iubara trans prata inundatabilia effulserunt ut animalium oculos perstringerent. Denuo cum videre possent, Simulacrum vanuisse et volucrium concentum aurorae salutandae causa aerem replere perceperunt.

Invidentes quamquam stupebant ut elingues omnia visa sublata esse aerumnose intellegebant, donec inconstans ac levis aura a summis aquis orta nemorum frondibus rosisque vibratis vultus leniter permulcuit, quae oblivioni daret confestim. Retectus enim in illos adiuvatos Semideus benignus hoc donum semper confert postremum optimum: ne crescat verenda recordatio quae laetitiae vel voluptati officiat, neque adiuvatorum animalculorum vitae memoria inquietenti postea perdantur; ut oblectant, curae est ut obliviscant.

Oculis suis tritis Talpa in Murem intuitus est, qui ipse distractus circumspiciebat. 'O Mus,' inquit, 'veniam abs te peto. Quid dixisti?'

'Credo me dixisse modo,' lente respondit Mus, 'hunc esse locum aptissimum, in quo forsitan eum inveniamus. Ecce! Adest, ille parvulus!' Laetabundus ad Portleium dormientem se proripuit.

Sed Talpa fascinatus puncto temporis restitit. Sicut somniator repente experrectus venustatem aegre recordatur, atque illam cadere, insomniae multam accipit, ita Talpa brevissime nixus capiteque maeste quassato Murem secutus est.

Portleius ex somno suscitus hilare striduit et amicis quibuscum tam saepe colluserat patris visis nonnihil iucunditatis habuit. Mox tamen misero vultu vagiens circumrimari coepit. Sicut somno coram nutrice captus infans solus et in loco alieno expergiscitur qui angulos atque armaria investigat et, spe abiecto, modo huc, modo illuc cursat, ita Portleius pertinax adsiduus totam insulam exploravit donec re infecta coactus sedit lacrimans.

Talpa festinavit consolatum; sed Mus cunctabundus et ungularum vestigia in gramine perscrutatus multo cum dubio, 'Hoc in loco adfuit - quiddam - magnum - animal,' lente et in cogitatione defixus dixit; et animo molesto perstitit mirans.

'Agedum, Mus!' iussit Talpa. 'Miserum Lutram memento! Prope

vadum exspectat!'

Delectatione promissa - iter ipsa Muris navicella - Portleius mox est consolatus; itaque duo animalia hoc in ima lintre inter se posito ex lacuna remigaverunt. Nunc sol plene ortus calefecerat, aves effrenati valide pipilabant, et flores utrimque nitebant; ut animalia censuerunt, minus clare quam nuper, etsi quomodo nesciverunt qui explanare non possent.

Flumine rursus attacto adverso remigare coeperunt ad amicum in solitudine exspectantem. Prope vadum notum cum appropinquarent Talpa lintrem ad ripam duxit ut Portleium cursu indicato exponerent quem valere iusserunt; dein medium flumen repetiverunt. Animalculum confidentem ac contentum semitam sequi intuiti sunt, donec rostro repente sublato rebusque consuetis cognitis gradum citavit. Secundum flumen Lutram ex breviis ubi in silentio pervigilaverat tentum rigidum resilire viderunt, qui stupefactus etsi laeto cum latratu per viminetum in semitam se proripuit. Itaque quaesitione feliciter finita, Talpa uno remo firme adhibito lintrem convertit ut ab aquis fluentibus impelleretur.

'Fessus sum,' inquit Talpa, 'praeter solitum.' Lintre fluitante remos languide tenebat tantum. 'Dicatur, fortasse, noctis pervigilandae gratia; hoc tamen non credo. Hoc in tempore anni taliter nos gerimus secunda quoque nocte. Sentio aliter, quasi incitamentum voluptatis etsi metus usu modo veni; sed accidit nihil praecipui.'

'An aliquid mirabilissimi ac lauti ac pulchri,' murmuravit Mus ut oculos premens in pulvinos incumbebat. 'Quod tu sentis, o Talpa, ego sentio; nisi semisomnus potius quam fessus. Felices sumus quos flumen domum urget. Nonne placet, cum sol recalescet nos? Atque auras inter stipulas ausculta!'

'Sicut concentus est,' repondit Talpa somniculose. 'Ex longinquo concentus.'

'Ita censebam,' oscitavit Mus murmure languido. 'Concentus ad saltandum idoneus - qui leviter continenter labitur et fluit - sed cum verbis etiam - verbis quandoque saltem - quae identidem audio - tum iterum concentus est tantum, denique nihil nisi lenissimus arundinum susurrus.'

'Clarius quam me audis,' inquit Talpa maeste. 'Verba secernere non possum.'

Oculis adhuc pressis Mus summissa voce 'Reddere conabor,' inquit. 'Nunc iterum verba hebeta at clara audio : *formidem ne inhaerans - gaudiam corrumpat - hanc adiutor potens - ab animo deleat!* Nunc arundines producunt - *deleat - deleat* - insusurrunt, et leniter extenuitur. Dein vox se producit - *Ab artubus ne lanientur - abscindo laqueum - visum tamen dedisce - me in aeternum!* Ad arundines appropinquare oportet! Difficile enim est auditu, et hebetescit! *Animos destitutorum - demissos iam erigo - sint omnia obliviscenda - vulnera cum deligo.* Propius age, Talpa, propius! Sed inutile est: carmen in auras cecidit.'

'Quid verbis significatur?' demiratus est Talpa.

'Nescio,' respondit Mus simpliciter. 'Reddidi modo quod audivi. Etiamnunc audio denuo, clarissime tamen. Nunc verum carmen habeo, certissimum, inconditum - ardens - absolutum - '

Talpa apricans semisomnus mox 'En, expone,' inquit.

Sed nullum responsum accepit. Intuitus silentium complexus est. Mus etsi perfessus laete subridens auscultare adhuc videbatur; sed arte dormiebat.

VIII. BUFO AUDAX

IN CARCERE UVIDO taetro cum se repperisset, Bufo, qui torvas arcis mediaevalis tenebras inter se et orbem terrae apricum eiusque itinera iam interpositas esse novit, qui nuper quasi omnibus Anglicis viis redemptis tam laetabundus luserat, nunc pavimento innixus desperatus amare deplorabat. 'In extremis rebus sum,' arbitratus est, 'Bufonis saltem vitae de cursu, quod eadem significat; Bufonis tam nobilis ac decori, Bufonis comis ac locupletis, Bufonis liberalis ac securi ac lepidi! Dubio me unquam liberatum iri,' (censuit) 'qui de furto lauti automobilis audacissimo, et in tot pingues rubicundos vigiles de probro foedo ingenioso collato, in carcere merito coniectus sum!' (Hic singultibus suffocatus est breviter.) 'Stultum ut eram animal,' (dixit) 'hoc in carcere nunc est senescere opus, quoad omnes, quibus gratus fui hactenus, ipsum Bufonis nomen obliti erunt! O Meles peritissime!' (dixit), 'O Mus callide ac rationis compos, et Talpa prudens! Quantum iudicium, quanta est vobis hominum rerumque scientia! O mi Bufo miser desolate!' Talibus lamentationibus complures noctes et dies degit qui cibum omnino repudiaret, etsi custos vetus trux, qui Bufonem locupletem esse novit, multa commoda, luxuries adeo, acquirere - maximo quamquam sumptu sane - saepe professus est.

Iam custos filiam habuit quae grata benigna ut erat adiutrix patris leniora munera perfungebatur. Animalia amabat praecipue quae et fringillam Canariam, cuius cavea de clavo in solido arcis muro infixo quotidie suspensa incommodo detrimentoque erat carceratorum post prandium somniculosorum, etsi de nocte oeci in mensa manteli involvebatur, et nonnullos bicolores sorices et inquietum turbulentum sciurum alebat. Hanc benignam puellam Bufonis miseruit quae patri uno quodam die 'Pater,' diceret, 'illius animalis dolor me valde conturbat, et macrescit praeterea. Nonne ut ego curem libet tibi? Animalibus studere me scis. Suadebo ut cibum a manu sumat, atque ut surgat, atque ut quaelibet aliter faciat.'

Pater respondit ut filia posset quod vellet. Bufonis morosi ac reconditi piget et eius sordetis. Itaque illo in die commodorum Bufonis serviendorum causa ad ostium cellae pulsavit.

Eo cum intravisset, 'En, Bufo, bono animo esto,' iussit blande. 'Surge nunc, et lacrimas sicca, et prudentius te gere. Et aliquid cibi edere conare. Ecce, ex culina cibum quod nuperrime ipse coxi nunc affero!'

Angusta cella suavi quodam nidore repleta est. Bufonis miseri in pavimento annixi acuto brassicae tostae odore nares attactae sunt, quominus de vita hebeti desperaret. Ploravit nihilominus et calces remisit qui consolationem accipere noluit. Itaque, etsi callida puella ad tempus se recepit, etiam nidor brassicae duravit necessario, ut Bufo flebilis et rebus et periculo suo consideratis novum instinctum nancisci inter singultus paulatim coeperit; ut de dignitate, de arte poetica, de inceptis adhuc inchoatis cogitaret; de pratis latis, de bobus eo pascentibus vento ac solis calore strictis; de hortis olitoriis cum areis floreis rectis, et de nitentibus ab apibus obsessis antirrhinis; atque ut catinos tinnientes apud se in mensa positos, sellasque cenatorum increpentes recordaretur.

Quasi per vitro roseo angustam cellam vidit; sodales memini coepit, qui opem admovere possent; iuris peritos reminiscere quos consulere insipiens neglexerat, quibus causa bene fuisset; denique sollertiam ac calliditatem memoria tenens cuiusquam capacem se credidit, si modo ageret; atque paene sanatus est.

Nonnullas horas post puella revenit ferculum ferens, in quo erat theae decoctum suave fumans; in lance erant multa panis tosti frusta, crasse secta, adhuc calida, ex quibus sicut ex fava mel stillavit butyrum aureum liquefactum. Tosti panis odor Bufoni clarissima voce locutus est; de culinis calidis, de ientaculo edendo calido, mane cum frigeret; de oecis et eorum focis, cum pedes ambulatione perfecta calefierent; felium contentorum de murmuratione, et fringillarum Canariarum de minuritionibus somniculosis. Bufo resurrexit, lacrimas siccavit, theae decoctum sorbillavit, panem tostem manducavit, et mox de se et de actis suis, de domo sua et cum dignitate libenter loqui coepit.

Filia custodis, argumentum arbitrata idem ac theae decoctum vero animum Bufoni addere, eum adhortata est.

Haec 'De Villa Bufoniana,' inquit, 'certiorem me fac. Lauta est, ut videtur.'

'Villa Bufoniana,' dixit Bufo multo cum spiritu, 'est homini generoso sedes plena ac singularis; parte quamquam saeclo quarto decimo structa, aedificium nihilominus huius aetatis est omnibus idoneis instrumentis repletum. Cloacalia quoque moderna. Ab ecclesia, statione tabellaria vel agro globoclavali quingenti tantum passuum. Villa apta est ad - '

'Ecastor!' inquit puella ridens. 'Sumere nolo! Verbis depinge, ut animo concipiam. Sed plus decocti theae et panis tosti antea afferam.'

Egressa revenit mox ferculum suppletum ferens; atque pane tosto avide rapto Bufo plene redanimatus de navicellis, de piscina et de horto olitorio vetere maceriato docuit; et de suilibus, de stabulis, de columbario, de gallinario; et de cella lactaria, de lavatorio, de armariis murrheis, de lintea veste (haec iuvat praesertim); et de cenatione, et animalium de gaudio cum Bufo optimus cantator praestaret et aliter delectaret. Dein amicorum vitae de usu puellam certiorem fecit, quae nihil esse hoc iucundius arbitrata est, etsi prudens ut erat sane animal in deliciis amare haud potuit confiteri, ne Bufo magnopere offenderetur. Urculeo aqua repleto stramentoque quassato valere iussit, et Bufo ut quondam contumax sibi placens denuo cantilenam eandem cecinit. Tum in stramento annixus bene et suaviter pernoctavit.

Saepe posthac per luctuosos dies collocuti sunt iucundissime; et custodis filiam Bufonis miseruit quae inclusionem ob delictum tam leve (ita arbitrata est saltem) miseri animalculi abnuere voluit. Secundum naturam suam Bufo sane puellae humanitatem pro indulgentia habuit; et moribus tam diversis separari eum paenituit, nam pulchra erat quae manifesto admirabatur.

Quodam mane puella cogitabunda fuit quae inconsulte responderet ut Bufoni dicteria sua exaudiri non viderentur. 'O Bufo,' mox inquit, 'Sodes, auscultadum. Materteram habeo vestilavatricem.'

'Proh, quid refert?' respondit Bufo decore ac comiter. 'Nihil adeo, tametsi paenitendum sit. Nonnullas habeo materteras quas vestilavatrices fieri oportet.'

'Iam tace, o Bufo!' inquit puella. 'Nimium loqueris, quod est culpa tua maxima, et cogitari conor, et in caput gravitatem affers. Ut dixi, materteram habeo vestilavatricem; hoc in carcere pro omnibus carceratis vestem lavat - ut pernoris, omnia huius generis quaestuosa inter nos retinere contendimus. Vestem lavandam die Lunae tollit quam die Veneris vespera reportat. Hodie Iovis sumus. Iam, hoc in mentem venit: pecuniosissimus es - saepe dixisti saltem - et illa est paupera. Tu paucas libras nauci aestimas, sed apud eam multum est. Iam, ut opinor, si res subiiceretur apposite - vel illa subduceretur, si tu animal forsitan dicere velis - dispositio fieri potest qua tute veste sua quasi ipsa vestilavatrix velatus subterfugias. Inter vos similes estis - de figura praesertim.'

'Dissentio!' dixit Bufo iracundus. 'Satis ut in figura mea venustus gestu et corporis motu sum.'

'Matertera quoque,' puella respondit tranquille, 'ut in figura sua. Sed tuo modo age. Foedum, superbum, ingratum animal es quod miserum adiuvare conor.'

Cito 'Sane, sane,' inquit Bufo. 'Ita vero. Num tamen vis ut Bufo, Bufo Villae Bufonianae, veste vestilavatricis dissimulatus coram populo obambularet?'

'Itaque Bufo hic manebis!' respondit puella animose. 'Puto te quadrigis abscedere velle!'

Bufo sincerus se erravisse prompte concedere semper poterat. 'Bona, benevola, astuta,' inquit, 'puella es, atque adeo superbus, stultus Bufo sum. Sodes, dignam materteram introduce, nam haud dubito quin ego et egregia matrona inter nos certas condiciones ex sententia componamus.'

Postridie vespera, puella materteram, quae vestem lavatam mantele obductam ferebat, in cellam Bufonis duxit. Anu antea de colloquio parata et quibusdam aureis in mensa a Bufone positis providenter aspectis, agenda vix habuerunt. Pecunia tradita, Bufo stolam fucatam, praecinctorium, pallam et bonnetum colore robiginis accepit; erat sola condicio ab anu postulata, ut in angulo cellae ligata atque ore obvoluto desereretur. Hoc et consilio quamquam ad credendum aegre adducto, et praetextis aliis et blandiloquentia sua, specie suspiciosa invita, statum tenere posse arbitrata est.

Consilium Bufonem iuvit. Ex carcere quadam cum elegantia abiendi facultatem dedit quo facilius fama animalis periculosi et versuti minimopere deminueretur; itaque filiam custodis libenter adiuvavit ut matertera impotens necopinanter oppressa videretur.

AURAE INTER SALICES

'Iam Bufo,' inquit puella, 'sors in te cadit. Tunicam depone, nam satis iam obesus es.'

Haec risu gestans eum stola fucata involvit, pallam perite disposuit et corrigiam bonneti subfusculi colligavit.

'Similitudo est indiscreta,' summisse cachinnavit. 'Sed pro certo habeo te probiorem nunquam ante hoc visum. Iam vale! o Bufo, feliciter velim, inquam, teque laudo. Ingressus cursum adversus egredere; et si quis tibi loquatur, et haud scio an fieri potest, nam viri sunt, respondere sane licet, sed memento te viduam solam esse, cuius existimatio magni momenti est.'

Bufo etsi tremebundus ad inceptum, quod et dirum et periculo plenum ei videbatur, quam firmissime profectus est et caute; mox tamen, cum res facilis esset factu, iucundus stupescebat, et quod muliebris sexus atque id ab hoc iniecto studium populi vero alius erant, nonnihil moderatus est. Ad omnem taetram portam vel ianuam obseratam, habitus brevis vestilavatricis corporis sindone fucata involutus fuit quasi tessera; de cursu ignoto dubitans, ad vicinam ianuam adiuvatus est a custode quidem, qui cenaturus abire volens ne per nocte moraretur vehementer nisi iocose locutus est. Sermo iocularis adeo, cui accepto responsum cito et efficaciter dare fuit opus, maximum periculum ostendit; nam Bufo animal erat superbum, qui studebat dignitatem suam, et sermonem autem ineptum et omnino facetiarum expers censuit. Etsi laborans responsa et ad putativum ingenium et rerum ad statum apta aequo animo dedit, neque limitem elegantiae excessit.

Multas post horas, ut visum est, extremam cohortem transivit, ex postrema stativa invitationes denegavit, et oblatas ultimi custodis, qui cum ficta cupidine complexum obsecranter petivit, manus elusit. Sed portula magnae ianuae pone eum obserata et aer orbis externi in frontem incidente, se liberatum esse novit denique!

Tali audacis incepti facili prosperitate attonitus, quin ex vicinitate, ubi illa imitata erat in vulgus grata ac tam pernota, sibi abiendum esset nihilominus dubitavit, etsi in animo aliquid ad faciendum aptum vix habuit; itaque ad urbem illuminatam cito profectus est.

Haec dum volvit ambulans, lumina et rubra et virida ad marginem urbis haud procul animadvertit, et peculiares locomotivarum ac carrorum instruendorum fragores audivit. 'Vah! Iam felix sum!' arbitratus est. 'Hoc in tempore stationem ferrovialem invenire debeo maxime; nec trans urbem ambulare proporro, neque igitur hanc simulationem ignominiosam per celeritatem in respondendo quae, etsi efficax, dignitatem minuit, sustinere meum est.'

Itaque ad stationem progressus et horarione consulta, certior de carris, qui ferme domum post semihoram profecturi erant, factus est. 'O albae gallinae fili!' inquit sibi Bufo meliore animo, et ad fenestrulam progressus est tesseram viatoriam emptum.

Ea statione, quam ad vicum in quo Villa Bufoniana praestat proximum esse sciebat, nominata nummos requirens digitis tunicae sacculum petivit. Nunc tamen illa stola fucata, quae hactenus etsi ex memoria turpiter excisa protexerat, conatus ad vanum redegit. Sicut in suppressione nocturna, huic alieno doloso, quod manus arripere, musculos debilitare, semper ludificari videbatur, pertinacissime obluctus est; et hoc dum geritur, a tergo alii vectores diversa severa aculeata verba impatienter commonefecerunt. Denique - quo modo nunquam novit - resolvit, et loco, in quo sacculus tunicae semper est, attacto - nec pecuniam modo, nec tamen sacculum nec tunicam quidem repperit!

Exanimatus et lacernam et tunicam reliquisse meminerat, et cum his pugillares, pecuniam, claves, horologillam, sulphurata, scriniolum - omnia quae vitam exornant, quae inter animal multisacculatum, ipsum orbis terrae dominum, et cetera inferiora humiliora unisacculata vel nullisacculata ad verum certamen haud apta manifeste secernunt.

Miser Bufo rei perficiendae causa operam desperanter dedit qui, loquendi ratio priori grandi resumpta - in qua erant coniuncti et honestior et eruditus homo - 'Ecce!' inquit, 'ut videtur, crumenam domi reliqui. Sodes, illam tesseram modo trade, et pecuniam cras remittam. Hac in regione ab omnibus nota sum.'

Dispensator in eum et in bonnetum subfuscum brevissime intuitus risit. 'Hac in regione,' respondit, 'te notam esse credo, si quidem saepe te geris tali in modo. Sis, o Matrona, a fenestrula destitue: aliis vectoribus obstas!'

Nunc senex qui a tergo parumper fodicaverat repulsum Bufonem quasi mulierem allocutus est, quo Bufo magis quam aliquo illa in vespera sit iratus.

Frustratus, spe abiecta, secundum suggestum praeter ordinem carrorum quasi caecus erravit, cuius lacrimae nasone utrinsecus ceciderunt. Acerbum est, censuit, paene in tuto, etiam paene domi esse, sed egestate paucorum solidorum angusta quoque conductorum ministrorum suspicione prohiberi. Brevi tempore cum effugium esset repertum, quaesitus, receptus, maledictus, vinculatus ad carcerem et ad custodiam foedam abstracturus; custodes poenaeque dandae se duplicaturae; et puella, quot asperiores facetias factura! At quid potuit? Celeritas corporis ei defuit; figura sua erat peragnoscibilis. Nonne in carro sub scamnum se premere potuit? Discipulos cum viaticum a parentibus datum aliter et melius erogavissent ita se agere viderat. Totus in his, iuxta locomotivam se repperit, quam locomotivarius procerus oleoapplicatorio una in manu, pannulo in altera studiose inungebat, tergebat et generaliter mulcebat.

'Salve, o Matrona!' iussit locomotivarius. 'Quam ob rem tibi est angor? Te haud laetam video.'

'O bone vir!' inquit Bufo denuo lacrimans. 'Paupera misera vestilavatrix sum, quae omnia pecunia perdita titulum obtinere non possum, et hodie vespera domum redire debeo, nescio quo modo. O me miseram, me miserrimam!'

'Is status,' inquit locomotivarius, 'est adeo infelix,' in cogitatione defixus. 'Pecunia perdita - redire nequis - nonne pueri exspectant?'

'Atque multi sunt,' singultavit Bufo. 'Ieiuni - et sulphuratis ludentes - et lucernas evertentes, tametsi integri! O me miseram, me miseram!'

'Ehem, hoc faciam,' inquit locomotivarius benevolus. 'Te vestilavatricem esse dicis. En, ita apparet. Et locomotivarius ego sum, ut videre quis, nec quin labor valde sordeat fateri possum. Quot subuculae induendae, tot uxori meae sunt lavandae; itaque taedet eam. Si paucas subuculas lavare et remittere pollicita eris, locomotiva vehi te sinam. Societatis est contra praecepta, sed hac in remota regione delicati adeo non sumus.'

In suggestu cum nixus esset Bufo aerumnam in laetitiam mutavit. Subuculam per totam vitam lavaverat nunquam, neque coepisse voluit; sed 'Domo Bufoniana,' ratus est, 'rursus in tuto attacta, pecuniam habebo, sacculos quoque, et satis ad locomotivarium remittam quod ad multa lavanda sufficiat, quot pro re valebit nisi melius quidem.'

Praeses exspectatam vexillam vibravit, locomotivarius sibilo hilari respondit, et ordo carrorum ex statione profectus est. Velocitate crescente, Bufo et veros agros, et arbores, et sepes, et vaccas, et equos celeriter praeteriri vidit, atque omne temporis momentum et Domum Bufonianam et sodales misericordes, et pecuniam quae in sacculum erat tinnitura, et mollem lectum in quo ipse erat dormiturus, et cibum dulcem gustatu, et laudem cum admiratione ob incepta ac optimam calliditatem adducere scivit, qui et saltare et clamare et canere coeperit ut locomotivarius, qui vestilavatrices, etsi huius dissimiles, aliquando invenerat, valde stuperet.

Multis milibus passuum praeteritis, Bufo, qui domicoenium quam primum edendum contemplabatur, locomotivarium animadvertit qui dubio cum vultu se inclinans extra auscultabat. Dein hunc vidit carbones scandere ultra ordinem carrorum aspiciendi causa, qui regressus Bufoni 'Difficile est explicatu,' inquit. 'Hoc est ultima hac de nocte iter ferroviale, sed aliam locomotivam sequi credere possim!'

Dissipavit statim Bufo levitatem. Gravis factus est et animo adflictus, ut et dolore lumborum crurumque laborans sedere vellet, atque omnia quae fieri possent quam maxime oblivisceretur.

Iam luna lucide effulgebat, ut locomotivarius carbone innixus ferroviam procul retrospicere posset.

'Nunc video clare!' exclamavit mox. 'Est locomotiva, in cursu nostro, quae celerrime persequitur - ut videtur, nos exceptum!'

Miser Bufo in pulvere carbonis se demissus consilium invenire praeter spem conatus est.

'Celerrime adsequuntur!' clamavit locomotivarius. 'Et est in locomotiva turba mirissima! Viri excubitorium similes, qui hastilia crispant; vigiles galeati, qui fustes vibrant; et viri obsoleta veste, quos etsi procul deprehensores politicos abditos esse cognovi, qui et pistolas et baculos vibrant; omnes video manus iactare, omnes audio idem clamare - 'Siste, siste, siste!'

Tunc Bufo inter carbones genu nixus praepedibus sublatis 'Serva me!' flagitavit. 'Serva me modo, o Locomotivari mi dulcissime rerum, et omnia confitebor! Non sum vestilavatrix simplex quam vides! Puerorum, vel innocentium vel aliorum sum expers! Sum bufo -

pernotus ac in vulgus gratus - honestior quidem Bufo, villae possessor; magna cum audacia ac astutia ex carcere foedo, in quem inimici clauserant, nuperrime effugi; atque adeo si isti in carris me receperint, Bufo iterum famelicus supplicium gravissimum patietur, vinculatus tametsi miser innocens sit!'

Locomotivarius despexit severe. 'Iam veraciter,' inquit, 'eloquere: quamobrem clausus es?'

'Propter minimum delictum fuit,' inquit Bufo miserrimus erubescens. 'Possessore prandente, automobile mutuatus sum modo; ille eo non utebatur. Verum furtum facere nolui; sed sunt qui - iudices praeter ceteros - acta inconsulta audacia abhorrent.'

Locomotivarius magna cum gravitate 'Ut videtur,' inquit, 'bufo malus et nequam fuisti, ut ministribus iustitiae offensae tradere meum sit. Sed te acerbissime pressum non deseram. Neque automobilia comprobo, nec locomotivam dirigens a vigilibus iubi volo. Atque animi dolorem pro animali lacrimanti semper adhibeo. Ergo bono animo es, o Bufo! Pro viribus agam, ac fortasse nobis succedet!'

Carbonem rutro enixe iniecerunt; fornax strepuit, scintillae exsiluerunt, locomotiva quoquoversus oscillans prosiluit, sed insequentes sensim accederunt. Suspirio petito, locomotivarius frontem pannulo tergit et 'Frustra nitimur,' inquit, 'o Bufo. Sine ullo onere persequuntur, et locomotivam habent meliorem. Restat ut unam spem habeas; haec igitur diligenter audi. Non procul sumus a longo cuniculo, ultra quem ferrovia per crebram silvam fert. Iam, quam celerrime per cuniculum cursu certabimus, sed insequentes ne confligeant tardius current sane. Transitu cuniculi perfecto, vaporem intercludam et frena summa vi adhibebo, et quam primum tibi exsiliendum erit ut in silva lateas, ante quam cuniculo excesso te aspicere potuerint. Tum iterum quam celerrime agam ut, si velint, memet et procul et diu persequi possint. Iam te compare ad iussum quod dabo!'

Pluribus carbonis iniectis, locomotiva in cuniculum iter maturavit ut iuncti carri streperent ac ruderent ac gemerent quoad in auras sub luna tranquilla tandem emerserunt, et caeca utilis silva utrimque videtur. Locomotivarius vapore intercluso frena adhibuit ut velocitate ad modum pedestrem decelerata Bufo, qui in conscensorium descenderat, iussum audiret 'Exsile!'

Bufo exsiluit, ab humili aggere delapsus incolumis surrexit, et in silvam festinavit se abditum.

Locomotivam accelerare ut magna cum velocitate ex conspectu dilaberetur aspexit. Deinde insequens locomotiva cum grege illiberali - qui etiam diversa arma crispantes 'Siste! Siste! Siste!' clamabant - strepens sibilans ex cuniculo prorupit. Praeteritus Bufo summo cum studio cachinnavit - ab eo in carcere claudito nunc primum.

Sed statu rerum agitato ridere cessavit, nam multa nocte in ignota silva erat solus, cui et pecunia et cenae facultas deerant, qui etiam ab amicis domoque distabat; proporro cum ridor et strepitus locomotivarum cecidissent altum omnium silentium pro plaga accepit. Asylum suum inter arbores relinquere non ausus est; itaque in silvam penetravit ut quatenus a ferrovia ire posset.

Tam longe inter muros seclusus erat ut silvam inrisioni studere atque alienam inimicam esse haberet. Crepitus ex certa ratione a caprimulgis factos ex custodibus, qui indagentes circumvenirent, emanare credidit. Bubo strepitum non faciens humerum ala verrit, ut Bufo quasi manu tactus timide horrueret: atque instar blattae avolans Bufonem risus simulatione offendit. Vulpes autem obviam ei obstitit, qui mordax 'Salve, o vestilavatrix! Hac in septimana semibini tibialum et stragila defuerunt!' atque 'Cura ne iterum accideret!' locutus naso adunco suspendens gloriose abiit. Bufo de lapillo ad iaciendum apto frustra quaesito periratus est. Tandem frigidus ieiunus perfessus exesae arboris antru invenit, ubi lecto frondibus siccatis facto ad lucem quam commodissime dormivit.

IX. CUNCTI VIATORES

MUS AQUATICUS, etsi rationem ignorans, erat inquietus. Magnificentia aestatis adhuc summe splendebat; tametsi viriditas in agro culto aureae maturitati concesserat, tametsi orni rubescebant et silvae autem nonnusquam aspere fulvescebant, et lux et calor et color, inattenuatae ac sine ullo anni lapsuri indicio, adhuc aderant. Attamen fidelis pomariorum ac sepium concentus in fortuito vespertino a paucis pertinacibus praestito officio imminuerat; erithacus praesentiam suam confirmare rursus coeperat; ubique aut rerum commutatio aut discessus sentiebatur. Iam cuculus dudum conticuerat sane; sed multi alii plumosi amici per formam et situm agri et eius communitatem nonnullis mensibus aspecti migrabant quo diem de die multo minus sensim viderentur. Mus qui avium motum aliquando observabat propensionem ad meridiem nuper animadverterat, et nocte in lecto annixus trementium alarum, quae imperiose devocabantur, pulsus supra per tenebras discernere credidit.

Lautissimum Naturae Hospitium, sicut alia, Tempus Negotiosissimum habet. Dum hospites sarcinulis alligatis singuli exituri solvunt qui vacuas in cenatione sellas relinquant; dum tapetibus sublatis et cubiculis clausis ministri dimittuntur; ceteri perhiematuri his discessibus, hac consiliorum itinerum et novorum hospitiorum disceptatione, hac contubernii diminutione necessario commoventur qui animo adflicto dubii quaeribundi fiunt. 'Cur commutationem rerum appetitis?' rogant; 'Cur nobiscum tranquillo etsi laeti hospitio non utemini? Temporariis absentibus neque hoc mansionem cognoveritis neque autem quot fuerit nobis et ludi et ioci, nobis sane perhiematuris.' Alii 'Ita vero,' respondunt semper, 'Non dubitamus; nos ferme in hoc vobis invidemus - atque alio anno fortasse - nunc tamen aliter promisimus - et ad ianuam est rheda publica - nobis igitur eundum est!' Itaque ridentes nutantes abiunt qui nobis pro magno desiderio sunt. Mus liberum ac solutum animal ad terram defixum erat qui ceteris discedentibus permaneret; nec tamen temporibus errare neque horum desiderio omnino vitare potuit.

Inter has migrationes omnia prudenti gravi animali erant difficilia factu. Aquis nunc vadosis pigris ripaque crebre iuncosa relictis Mus errabundus rus profectus est. Eo cum venisset nonnulla pascua ob siccitatem pulverulenta transgressus est ut in vibrans fulvum susurrans magnum tritici regnum penetraret. Hic inter rigidos robustos culmos, qui caelum aureum super caput Muris sustinuerunt - caelum incessabiliter saltans, vibrans, tenere loquens vel laetabundum ab auris actum vacillans - vagari saepe cupiebat. Hic incolebant multi Muris amiculi in communione cumulata, qui semper ut erant negotiosi sermonem cum interventoribus conferre nihilominus poterant. Hodie tamen mures et agrestes et messores, etsi satis officiosi, totum in rebus versari, plures autem sedulo fodere vel perforare videbantur. Alii conclavium, quae compacta optabilia atque apud tabernas iacere lata sunt, formas et descriptiones circulatim inspiciebant. Alii arcas pulverulentas et corbes quaerebant, alii iam bonuscula sedulo componebant; atque tritici, avenae, hordei, glandium et nucium strues fascesque iacebant ubique.

Simul atque eum viderunt, 'Ecce! Musellus noster adest!' exclamaverunt. 'Ne nihil agas, o Mus! Nobis subveni!'

'Quid iam agitis?' rogavit Mus austere. 'Num hoc in tempore anni hiemare iam praeparatis?'

'Ita vero,' explanavit unus ex muribus agrestibus quippiam pudens. 'Nonne tamen mature quod est opus parare bene agitur? Antequam machinae dirae in agris venerint, removenda sunt impedimenta et supellectilem et copia; ut scis proporro, optima conclavia hodierno tempore tam difficilia sunt locatu ut tarditatis eventus sit arto tacto stipari; opus quoque est exornare ut habitabilia sint. Scimus sane maturissime parare; sed coepimus tantum.'

'Proh, coeptorum piget,' respondit Mus. 'Hodie caelum est serenum. Remigemus, vel praeter sepes ambulemus, vel apud silvas convivium celebremus.'

'Ehem, hodie,' cito respondit mus agrestis, 'incommodum est. Alio fortasse die - tempore opportuniore - '

Mus fastidiose fremuit et discedens arculo supplantus indignanter elocutus est.

'Sunt qui,' inquit dure mus agrestis, 'diligentius agere debent, quo facilius incolumes sint neque decorum obliviscantur. Illam sportam cura, o Mus! Alicubi sedere praestat. Nonnullas post horas forsitan tibi adsimus.'

'Ut censeo,' ploravit Mus, 'ante festum nativitatis Christi non mihi aderitis.'

Ex agro profectus ad flumen animo demisse revenit - ad flumen semper fidele constans, quod neque impedimenta composuit neque hospitium hiemale accepit. Ad ripam inter vimines hirundinem sedentem aspexit. Mox aliam, dein tertiam advenire; et aves inquietas in ramo sedentes intente placide colloqui.

Mus ambulavit interventum. 'Quid iam?' inquit. 'Cur abire contenditis? Ut mea fert opinio, notio est ridicula.'

'Proh, iam,' respondit prima hirundo, 'non proficiscimur - noli ita putare. Consilia capimus modo. Res disceptamus - huius anni iter, ad corpora animosque recreandos spatia necessaria, et cetera. Ludi est dimidia pars.'

'Ludi?' inquit Mus. 'Iam hoc est quod complecti nequeo. Hunc locum amoenum si necesse est relinquere, et sodales desideraturos, et tecta commoda nuper modo occupata, en, cum tempus opportunum adest, non dubio quin fortiter abeatis omne incommodum vel vicissitudinem vos oppositum, ne infelices videamini. Sed excessum disceptare velle, an putare etiam - '

'Rem cognitam sane non habes,' inquit secunda hirundo. 'Primo inquietam dulcedinem pectore sensimus; deinde, sicut columbae singillatim in mentem reveniunt memoriae, quae per somnia volitent et nobiscum interdiu auris ferantur. Inter nos rogare et mutuo firmare cupimus cum oblitorum locorum et odores et soni et nomina singillatim ac gradatim in mente apparere coepissent.'

'Nonne hoc uno anno permanere potestis?' Mus intente suasit. 'Vos quam maxime diligemus. Procul absentes vos delectationes nostras nescitis.'

'Olim permanere,' inquit tertia hirundo, 'conata sum. Ceteris proficiscentibus hunc locum ita amavi quae cuncta sim. Nonnullis septimanis satis bene habui, sed postea, Oh! Tot noctes longae operosae! Tot sine sole dies gelidi! Aer tam lentus et frigidus, sine autem ullis insectis! Permanere non potui; virtute fracta, de nocte frigida procellosa provolavi. Ab Euro coacta litus declinavi. Crebrem inter altos montes nivem aegre superavi; neque autem felices solis calores quas ad caeruleos tranquillos lacus deorsum accelerans rursus a tergo sensi, nec primorum pinguium insectorum saporem unquam obliviscar! Prius tempus pro suppressionem nocturnam habui; quod ad futuram attineret, nullum dubium fuit quin omnino feriata placide segniter etsi voci semper oboediens ad meridiem constanter pergerem. Immo, monita eram; nunquam postea male parere cogitavi!'

'Sane, vox meridiei, vox meridiei!' somniculose pipilaverunt duae comites. 'Eius et carmina et colores, eius aspectus tam dulcis! Nonne meministis - ' et, dum Mus fascinatus pectore angit, dulcissimam rerum memoriam effuse repetere coeperunt. Iam Mus nervum hactenus ignotum iacuisse in anima sua vibrare novit. Ipsa tendentium in austros avium garrulitas, rumorque usu trita hanc novam indomitam animi commotionem excire potuerunt quo facilius laetitia efferetur; quanto igitur ipsa re, illa fervida solis australis manu, uno veri odoris spiritu adficeretur? Gaudens penitus nonnullis punctis temporis somniare ausus est ut palpebris rursus apertis flumen durum frigidum, agros non virentes sed sine vel colore vel nitore videret. Tum animam fidelem suam vitia deflere sensit.

Invidus, 'Iam cur unquam revenitis?' hirundines rogavit. 'Hac in humili ieiuna terra quid vos oblectat?'

'Nonne alteram vocem,' inquit prima hirundo, 'nobis ad tempus esse putas? Ea vox quae luxuriosam pratorum herbam, et madida pomaria, et calida ab insectis celebrata stagna, et tondentes pecudes, et faeni carpendi gaudium, et omnes apud Villam Suggrunarum Integrarum tectas in animum refert?'

'Num ex omnibus animalibus,' rogavit secunda, 'te solum desideratam cuculi vocem studiose exspectare censes?'

'Ad aptum tempus,' inquit tertia, 'nostris erit desiderium tranquillorum in summis Anglici rivi aquis liliorum. Hodie tamen haec omnia tenera et remota videntur. Iam mens praetrepidans avet vagari, iam laeti studio alae vigescunt: sanguis noster aliis modis commoveri coepit.'

Denuo inter se pipilare coeperunt quae nunc de maribus purpureis, de litoribus fulvis et de maceriis a lacertis frequentatis garrirent.

Mus irrequietus denuo aberrans ab ripa septentrionali in adversam acclivitatem lenem ascendit, cuius in summo loco recubaret. Hinc magnam montium quae conspectum ad meridionem praeclusit coronam intuitus est - ipsorum montium qui pro orbis terra sua, pro limite novissimo, ultra quos omnia incognita fastidienda hactenus fuerant.

Hodie, cum novum quoddam desiderium pectore percepisset, caelum innubile super humila montium cacumina magnam spem ostendere vidit trepidans; quot hodie invisa, tot optabilia; quot ignota, tot vitae germana erant. Citra quidem vera inanitas, ultra tamen montes, ut lucide nunc arbitrabatur, erat terra nova arta variegata. Tot aquae thalassicae, tot maria undosa spumosa! Tot litora aprica, praeter quae nitent porticus iuxta oliveta candidos! Tot portus otiosi, etsi navibus ad insulas purpureas unde sunt vina et condimenta reducenda profecturis stipati, ad insulas autem languide per undas liquidas innantes!

Surrexit ut ad flumen rursus descenderet; sed consilio mutato marginem viae pulverentulae petivit. Hic sub sepe semiconspicuus inter virgulta iacens, viam stratam et omnem quo duceret terram mirandam secum reputare potuit, viatores quoque qui fortunas atque incepta exquisitum vel offensum eo ambulavissent.

Ambulatorem appropinquare sensit qui aliquantum fessus mox in conspectu venit; hunc noster Murem esse vidit et pulverentulum.

Viator cum pervenisset gestu comi etsi alieno salutavit, et brevissime cunctatus iter interrupit qui iuxta nostrum inter virgulta consederet. Hunc fessum ut videbatur interrogare Mus abstinuit, nam quae animo alter sentiret cognita habuit; nempe omne animal, cum mens onus reponit, ac peregrino labore fessi artus se relaxant, adfabile silentium magni facit.

Viator strigosus habitu corporis erat et vultu acer, at de humeris nonnihil demissus; pedes macri longi erant et oculorum anguli rugosi; inaures parvulos aureos gerebat. Eius et tricota et bracae decolores olim caeruleae fuerant, hae etiam resarcitae ac maculatae; bonuscula sudario sindonis caeruleae ducebat.

Haud multo post cum requievisset advena suspiravit, et respirans circumspexit.

'Trifolii est,' dixit, 'ille calidus in auris fluitans odor. Et quas pone nos audimus vaccae sunt, quae herba pascuntur et inter buccellas leniter exspirant. Messores procul audio, et illic oritur iuxta silvam ex camino casulae fumus gracilis ravus. Proximum est flumen, quia fulicae vocem audio, et figura tua nautam prodit dulcis aquae. Ut videtur, omnia etsi diligentia dormiunt. Quin quam potissimum vivas suaviter, mi sodalis, non dubito, dummodo constantiam habeas!'

Somniculosus Mus 'Ita vero,' respondit. 'Illa vita est quae sola est cupienda,' sine tamen persuasione sua consueta.

'Ita non ferme,' caute dixit advena, 'locutus sum; sed nullum dubium est quin optima vita sit. Expertus sum, ergo scio. Et nuper expertus - sex menses - et quod illam vitam censeo optimam esse, esuriens adsum cum gravibus pedibus qui ad meridionem, ad vitam mihi bene notam, ab illa vita mea propria vocatus decedo, quod aliter nequeo.'

'Hic nonne est,' meditatus est Mus, 'eorundem alius?' 'Atque unde,' voce petivit, 'venisti?' Vix potuit rogare quo destineret; nam responsum perbene novit.

'Ex praediolo grato,' breviter respondit viator. 'Illic!' Ad septemtriones nutavit. 'Eam nolo revidere. Omnia desideranda habui - omnia quidem speranda plusque; at hic adsum! Adesse nihilominus placet, placet bene! Tot milia passuum progressus, tot horae ante vitae metam iam lapsae!'

Oculis nitentibus orbem finientem tenebat qui exspectatam ex rure mediterraneo vocem, ipso ex rure quod laeto vocum bucolicarum canto exhilarabatur, frustra petere videbatur.

'Neque unus nostrum,' inquit Mus Aquaticus, 'neque agricola es; ut censeo autem, nemo quidem hac in patria natus.'

'Ita vero,' respondit advena. 'Ego mus maritimus sum, qui quamquam Constantinopolitanus natus vix me civem Constantinopolitanum censere possum. Nonne de Constantinopoli, mi sodalis, apud vos narratum est? Urbs amoena est, et antiqua et illustris.

'Apud te narratum est fortasse de Sigurdo rege Norvegico, qui cum sexaginta navibus illic profectus, qui suiscum per vias purpureis vel aureis aulaeis ornatas vectus est; et de Augusto Augustaque qui epulandi causa navem conscenderunt? Cum Sigurdus domum regressus esset, complures ex comitatu relicti pro custodibus corporis Augusti sunt conscripti.

LXXXVIII   AURAE INTER SALICES

'Progenitor quoque meus ipse Norvegicus natus nave Augusti a Sigurdo donata mansit. Nautae quondam et futuri sumus, nec mirum est; quod ad me attinet, pro domicilio neque urbem natalem habeo, neque alium portum amoenum, usque ad Flumen Londiniensem; illos omnes novi qui etiam me noverunt. Ubicumque vel in crepidinem egressus vel in oram sum domi.'

Aucto studio, 'Nonne procul navigas?' inquit Mus Aquaticus. 'Litore nonnullos menses inviso, cibo carens, aquae dulcis egens, cum Oceano loquens, nonne ita res se habet?'

'Minime,' inquit aperte Mus Maritimus. 'Ita vivere haud convenit. Oram praetervehi est mos meus qui terram non videre raro possim. Voluptatem in arido percipere placet velut navigare. Oh! Portus meridiani! Eorum et odor et nocturna navium lumina, et genialitas!'

'Ehem, fortasse,' inquit Mus Aquaticus, 'melius elegisti,' etsi nonnihil dubitanter. 'Iam de ora legenda certiorem me fac, si velis, et quali ex illa de praemio reportando, quo facilius alacre animal apud focum memoria repetat ad senectutem excitandum; nam hodie vitam meam aliquantum finiri censeo, quod aperte fateor.'

'Nuperrima navigatio,' exorsus est Mus Maritimus, 'Quae me denique hac in terra, in praediolo mediterraneo sperantem attulit, specimen pro omnibus, et pro omni vita mea speciosa quidem praestat. Ut semper fit, ex domestica offensione orta est. Significatione familiari adversa data, onerariam Constantinopoli conscendi, quae per undas praecipuas ad memoriam aeternam repetendam palpitantes profectura fuit insulas Graecas litoraque orientali petitum.

'Erant tum demum dies aurei, noctesque molles! Ex portu alium quam primum petitum - ubique inveteratae amicitiae - de die aestuoso in fano frigido vel cisterna ruinosa dormitum - ab occidenti sole pastum cantumque, caelo obscuro sub sideribus magnis! Inde versoria capta praetervecti sumus ad litora Hadriatica, litora sucinum rosam beryllum redolentia; portibus latis occlusis ad ancoram stetimus, per urbes priscos evagati sumus, quoadusque is dies aderat ubi sole pone nos oriente Venetiam per viam auream attigimus. Quam pulchra est urbs Venetia, ubi mus otiose errans suaviter vivere potest! Vel peregrino labore fesso Fossae Maximae Navigabilis ad marginem de nocte sedet qui cum sodalibus epuletur, cum aer concentu vocis lyraeque et aether astris pleni sunt, cum oscillantium gondolarum rostra ferrata resplendent, gondolae tam crebre collectae ut transcensus pede fieri potest! Cibum quoque - conchane vesci delectas? Ehem id iam non interest.'

Tacuit brevi, et Mus Aquaticus quoque, qui totus in somnio ut erat fossis innans inter nebulosos ab undis strictos muros carmen caducum desuper reboare auscultabat.

'Ad meridionem denique,' produxit Mus Maritimus, 'reprofecti sumus praeter oram Italiam usque ad portum Panormitanum. Eo cum ventum esset, diu oblecturus in terram escendi. Una in nave longius non commoror, ne ita animus pusillus vel opinio perversa fiat. Sicilia autem valde delectat. Illa in insula omnes novi, quorum mores conveniunt. Multas septimanas in insula cum sodalibus rusticis consumpsi. Inquiete reaffectus oneraria usus sum Sardiniam et Corsicam petitura; atque cum spumae salis aere ruebant, tum gavisus sum.'

'Nonne tamen calescens opprimeris?' rogavit Mus Aquaticus. 'In - caverna, quod verbum appositum esse credo?'

Nauta aspiciens nictare visum est aegre. Simpliciter, 'Imperitus non sum,' dixit. 'Cellula magistri mihi sufficit.'

'Ardua dicitur ea vita,' murmuravit Mus cogitabundus.

'Sic vero, quod ad nautas attinet,' respondit nauta graviter, ut nictare iterum visum est.

'Ex Corsica,' produxit, 'navigia vectoria vinum ad continentem translatura usus sum. Alassione sub vesperum capta, navis ad ancoras deligata est. Deinde cupas ex caverna extractas fune longe constrinximus quarum in mari iacturam fecimus. Nautae scaphas conscenderunt, qui canentes remigantes longam cuparum nutantium ordinem ad oram duxerunt, sicut pompa delphinorum visa. Ad oram equi iam exspectabant, qui multo cum strepitu ac tumultu per praecipites oppiduli vias quam celerrime scandentes cupas traxerunt. Ultima cupa reposita, quietem cepimus antequam cum sodalibus media nocte potavimus; ac postero die magna oliveta petivi mei recuperandi causa. Nam apud me tempus actum fuit de insulis, et erant ubique satis portuum et navium. Itaque apud agrestes me otiandi causa contuli; aut laborem rusticam segniter spectavi, aut de colle mare cyaneum despexi. Errandi studio paulatim longius itum est, pede partim, quoad Massiliam attigi. Eo cum venissem, maritimis quondam amicis obveni, naves quoque onerarias magnas vidi, et bene saepeque epulati sumus. Tales conchae! En, aliquando conchis Massilianis somno visis suscitor lacrimans!'

Mus Aquaticus comis 'Memini,' inquit, 'te mentionem famis fecisse, atque maturius mihi fuit dicendum. Nonne commoraberis ut mecum prandias? Foramen meum haud procul abest; iam post meridiem sumus, et quodcunque habeo cibi tecum libenter partiar.'

'Benigne et benefice loqueris,' dixit Mus Maritimus. 'Sedi esuriens, et concharum mentione temere facta, famem tolerare aegre possum. Nonne tamen ex foramine efferre potes? Nisi coactus, sub claustra ire nolo multum; praeterea de itineribus et amplius de vita mea gratissima docere potero - mihi saltem modus vivendi placet, et, ut opinor, se commendat tibi; intus autem, non est dubitandum quin dormitem.'

'Perbene nempe suades,' inquit Mus Aquaticus, qui domum festinaret.

Eo cum venisset, advenae originem et praepositiones memoris tenens, sportae replendae operam dedit ut pane gallico tripedali, farcimene allio perredolenti, caseo caprino et longa stramento ligata laguncula, quae iubara collibus australibus capta continuit, consilio stiparetur. Ita oneratus, quam ocissime regressus est. Dum sportam exinaniunt et quod continetur ad marginem viae in herbam exponunt, vetus nauta palatum ac iudicium laudavit ut Mus Aquaticus delectatus erubesceret.

Simul ac famem aliquantum mitigaverat, Mus Maritimus narratione itineris nuperrime resumpta auditorem sincerum de portu ad portum Hispaniensem duxit donec Ulysipponi, Calle et Burdigalae appellatus est; dein gratos Corineae Devoniaeque portus commendavit; denique invitis ventis adversis ad Fretum Gallicum navigavit quo procellis actus tempestatesque pulsus illam in ultimam crepidinem egressus est qui primis mysticis alius Veris significationibus observatis tranquillam rusticam a maris pulsu procul vitam cupiens ad praediolum petendum iter contendit.

Mus Aquaticus praetrepidans fascinatus Inceptatorem ex loco in locum secutus est qui trans sinus procellosos, per stationes navibus stipatas, in imos portus ab aestu celeriter latus et adverso flumine ad oppidulos negotiosos navigaret; quoad in praediolo arido, de quo nihil audire voluit, hospitem situm cum suspiratu reliquit.

Nunc pransum erat, et voce alacriori, oculo quasi a pharo ex procul illuminato, nauta refectus invalescens poculum rubro ardenti meridiei vino compluit qui Murem Aquaticum ut audientem perfecte cogeret intuitus est. Advenae oculi mobilas spumosas desilientes glauci Oceani aquas in memoriam duxerunt; atque ex poculo nitebat ardens carbunculus qui forti animali pulsu accepto ipse Meridiei cor visus est. Hae lumina gemina, quorum unum glaucum labile, alterum rubrum constans coniunctim Murem Aquaticum fascinatum impotentem tenebant. Horum externus terrae orbis radios ignorans tranquille recessit ut deesse se sentiret omnino.

Atque sermo, is sermo mirandus affluxit - sive sermo fuit plane, sive cantus aliquando? - nautarum ut ancoras stillantes solvebant concentus, navalium ab Aquilone furibundo vibratorum imago, piscatoris sole occidente rete sub caelo luteo tractantis carmen, chorus ex vel gondola vel cymba? Nonne in vocem venti mutatus est, ut in acutum stridorem increbrescebat qui in canoras ex linteo tumenti auras paulatim defluxit? Hos omnes sonos auditor percipere credidit, clamorem quoque larorum gaviarumque exilem, ut super laborantem ab undis pulsam glaream circumagerent. Soni in sermonem reconverti sunt, et Mus palpitationes sentiens certamina, effugia, incepta nonnullis in portibus, amicitias, fortia facinora, hae omnia animo prosecutus est; vel in insula etiam thesaurum requisivit, vel a limpidis lacunis piscatus est, vel in arena calida candida omnem in diem dormitavit. De piscatu pontico et de magno argenteo onere laboranti rete certior factus est; de periculo improviso, undarum illuni noctu de tonitru, vel navis magnae ex nebula emergentis de prora alta; promontorio praeterito portusque luminibus visis de reventu festivo; de circulis in crepidine ex occulto aspectis, consalutatione hilari, ancoralis catenae de spargine; atque per acclivitatem ad comem fenestrarum rubro velatarum fulgorem lente progressus est.

Denique somniculo cogitans Inceptatorem etsi loquentem iam surrexisse putavit, qui glaucis oculis Murem adhuc tenebat.

'Iam reproficiscar,' inquit leniter peregrinator, 'multos per longos dies iter difficile ad austrinas partes facturus; quoad oppidulum lapideum, quod se in praecipito portus latere habet, mihi tam bene notum attigero. Eo per ostia obscura prospiciens lapideas racemis magnis valerianae puniceae ornatis scalas cernere et haud procul maris aequor cyaneum scintillare intueri potero. Qualibus me iuvene coloribus, talibus navicellae adhuc resplendent quae in eo loco marginis lapidei ad anulos religatae sunt; ex aestu tumenti exsilit salmo; apud moles lasciviunt vadis examines scombrorum, et praeter fenestras magnae naves onerariae interdiu noctuque sive religaturae sive ad pontum profecturae labuntur. Illic vectoriae omnium gentium navigiae adveniunt serius ocius; illic etiam ad tempus opportunum navis mihi idonea lecta ancoras solvet. Donec abeundum erit mihi, manebo et commorabor ut denique apta corbita, cuius malus proralis pelagum indicat, onusta in medium flumen remulco tracta me exspectet.

'Arcano navem conscendam, sive scapha sive ancorali catena; tumque mane experrectus nautarum concentum ac gradus, suculae strepitum, alacrem catenae ancoralis crepitum audivero; et praevolo dato albas ad portum domos praeterlabi conspiciemus ut nave accelerante iter coepisse significetur! Omnia navi promontorium petenti lintea mox erunt data; proinde ac pelago attacto ab lateribus navis ad Meridionem proficiscentis vento inclinatae fluctibusque magnis thalassicis verberatae pulsus cernere potero!

'Tu quoque, tu fratercule proficisceris; dies enim cadunt, neque unquam reveniunt, sed Meridies te exspectat nihilominus. Facinus accipias, vocem audias, hoc in tempore irrevocabili ne serius agas! Expedit tantummodo ostium pone te claudere, laete incedere ut vetere relicta novam vitam sumas! Olim fortasse, permultis diebus lapsis, cum poculum haustum erit et de inceptis actum, tum si volueris, revenire poteris, qui multis cum felicibus memorandis iuxta flumen tranquillum reconsidas. Inter viam me praeterire facile poteris, nam iuvenis es, et ego senescens lente progredi consuesco. Morabor respiciens; neque haud dubium est quin tandem te consecutum venisse videam alacrem laetabundum, a Meridie vocatum!'

Sicut cito insectorum lituus perparvulus in silentium extenuatur, vox elapsa est et desivit; atque Mus Aquaticus debilitatus oculis defixis torpebat, qui denique in longinqua alba viae superficie figuram cerneret.

De usitatu surrexit et sine festinatione sportam diligenter componere coepit. Quasi in somno domum regressus est. Nonnulla ad vivendum necessaria delicias quoque proprias in sacculum posuit. Lente ac considerate, labiis demissis per cellam somnambulavit qui adhuc auscultabat. Sacculum de humero pependit, idoneum ad iter baculum secrevit, et sine ulla festinatione, haud autem dubitanter, limen transivit, ubi Talpam statim obvenit.

'Quo iam is?' rogavit humero amici capto Talpa obstupescens.

'In Meridionem proficiscor,' murmuravit Mus, 'cum ceteris,' uno tenore. Talpam haud aspexit. 'Primo ad mare navem conscensum, inde ad litora vocantia!'

Pervivaciter proambulavit adhuc sine festinatione etsi obstinate; sed Talpa iam perturbatus obviam obstitit ut Muris oculos discolores de re nusquam deiicere videret - oculos non amici, sed alius animalis! Firmiter obluctans retorsit, abiecit et repressit.

Certavit Mus brevissime quoad oculi coierunt et vigore subito impensa tremulum animal in terra iacuit perfessum. Mox Talpa surgere adiuvavit et Murem in sellam posuit, ubi hic sedens abiectus metu corpore vehementer horrente denique hystericus aride singultare coepit. Ianua obserata sacculoque in arcula abdito, Talpa in mensa tranquille sedens insueti impetus exitum exspectavit. Mus in somnum etsi saltibus ac confusis ob res imperito Talpae incognitas inauditas incultas murmuris turbatum sensim processit; et inde in altum somnum.

Animo perturbato Talpa in tempus deseruit rei domesticae curandae causa; et vesperescante iam die in oecum cum regressus esset Murem languidum mutum etsi experrectum in maerore iacere repperit. In oculos cito aspexit, quos perlaetus fuscos idem atque ante fulgere vidit; tunc Muris exhilarandi causa resedit, et de singulis agere coeperunt.

Deiectus Mus pro viribus paulatim explanare conatus est; quomodo tamen veris sinceris quod de facto in animo tantum suasisset exsequi potuit? Quemadmodum agitantes maris voces altero in animo ducere? Non sibi si linguae centum essent, oraque centum, mirabiles nautae recordationes exprimeret! Non iam incantatus, illecebrisque amissis, ea quae dudum ineluctabilia esse crediderat nunc difficilia erant explicatu. Nec mirum igitur ut diei casus Talpae clare enarrare frustra conatus sit.

Perspexit Talpa nihilominus nonnulla vera: sive insania sive impetu laboraverat, Mus etsi perturbatus demissus iam convalescebat. Attamen ut visum est omnia quae vita quotidiana continebantur, omnes etiam iucundae quae in procinctu anni temporis mutabilitas afferret diversitates iam delectabant nequaquam.

Temere igitur ac fortuito Talpa neglegentiam manifestans de segete metendi, de plaustris onustis atque eorum de iugis enitentibus, de metis frumentariis accrescentibus, et de luna plena super nudos mergetibus discinctos agros orienti loqui coepit. De malis rubescentibus, de nucibus adustis, de conditura baccarum et de potionibus destillandis ad corpus reficiendum aptis mentionem fecit; et tale consilium habuit ut hieme sensim attacta iucunditatem et omnia tempestiva domi sollennia quasi carmine memoraret tantum.

Paulatim Mus vim animi recupiens colloqui coepit. Oculis nitentibus, aegrimoniam aliquantulum amisit.

Prudens Talpa mox se subduxit, qui regressus nonnullas chartas et graphidem in mensam ante sodalem poneret.

'Nimium longum tempus,' inquit, 'versus non fecisti. Cur vespertino tempore carmen scribere non conaris, pro - ehem - pro rebus incubandis? Ut opinor, aliquo scripto - tametsi sonitibus modo similibus - voluptatem percipere coeperis.'

Mus chartas languide repulsit. Attamen consideratus Talpa ex oeco excedere statuit; atque serius cum reintravisset Murem obsurdescere et totum in carmine scribendo repperit, qui alternis vicibus scribebat vel culmen graphidis sugebat. Vero sugendi erat plus quam scribendi; sed Talpa incipientem sanationem gavisus est.

X. ADDITA BUFONIS INCEPTA

CAVI TRUNCI IANUA solis ortum conspexit, ut Bufo primo diluculo experrectus sit; partim a luce splendescenti, partim a digitis perfrigescentibus, qui somnio inducto docuerant quo se domi in lectulo facilius crederet, illa in cella cum fenestra sua Tudore, de nocte hiemali, stragulaque sursisse frementia querulas edentia, quod frigorem obsistere ultra non potuerant, quae focum culinarem petitura deorsum cucurrerant se calefactum; et contentiosus sescentis passuum per frigidos porticus nudo pede ut iuste se gererent obsecrans persecutus erat. Nisi super pavimentum lapideum in stramento tam longe dormiverat, ut comem capiendorum ad mentum lodicum calorem paene oblitus esset, fieri etiam potuit ut maturius suscitaretur.

Oculos primo, dein digitos queribundos confricavit sedens, et brevissime mirans parietem bene notum ac fenestrulam clathratam quaesivit; tum omnium meminit praetrepidans - effugii, fugae, insecutorum; sed melius fuit se liberatum meminisse!

Liberatus! Hoc ipsum verbum cogitare lodicum quinquaginta valebat. Calidum se censens de orbe iucundo externo cogitavit, illo de orbe Bufonis victoris reditum anxie exspectanti, qui gauderet ut ante incommoda semper servare, adulari, adiuvare! Se quassavit, et digitis folia sicca ex capillis pexit; atque cultu perfecto in acceptam matutinam lucem, confidens etsi frigidus, omni hesterni diei trepidatione a sole hilare dispulsa, profectus est.

Eo multo mane ipse solus totum mundum habuit. Bufo silvam roscidam transiens vacuam immotam vidit; in agros viridissimos deinde tritos potestatem habuit. Ipsa via, eo cum ventum esset, inter solitudines undique circumfusas sodalitatem avide petere visa est. Bufo tamen collocutorem quaerebat quo clarius dirigeretur. Nemine diligenter petente recarcerandi causa, bene est hilare et crumena condita viam ducem sine cura sequi quoquam. Curavit Bufo vitae usus, atque nullum punctum temporis perdere sua rettulit, qui ipsam viam de silentio inutili punire vellet.

Ad rusticam viam fraterculus verecundus mox forma fossae navigabilis se iunxit, quae comminus fidente animo sed quasi hospitibus lingua contenta deambulabat. 'Mehercle!' inquit sibi Bufo. 'Quaelibet res, hoc est quod unum est clari. Sicunde veniunt, et ducunt aliquo. Id negare, o Bufo mi vetule, nequis!' Itaque praeter marginem aquarum patienter proambulavit.

Secundum flexum fossae progrediebatur solivagus equus tardo gradu sed continenter, qui quasi anxie cogitans caput demisit. Pendebat de loris longus funus qui etsi extensus oscillabat numero gradum, ut de parte posteriori stillarent guttae dilucidae. Bufo haesitans sortemque exspectans, equo praeterire permisit.

Tranquillis aquis prora retusa suaviter circumagentibus est praeterlapsum vectorium, cuius septum colore nitenti distinctum ex pari erat semitae, cuiusque solus possessor erat mulier superba pinguis. Illa bonnetum linteum gerens clavum brachio toroso tenebat. Bufoni exaequato, 'Salvam te advenire,' inquit, 'o Matrona, gaudeo, hoc in secundo mane!'

'Salve, o Matrona!' respondit suaviter Bufo, secundum semitam pari velocitate ambulans. 'Et credo, nisi tot in vita incommoda habentur, ut apud me. Iam nuptam filiam habeo, quae ad se vocat ut cito advenirem; itaque profecta sum, nesciens aut quid est factum aut quid fieri potest, sed metu mihi iniecto, ut tute si mater es, o Matrona, pernoveris. Atque negotium a curatore nudum - me vestilavatricem videris, o Matrona - pueros quoque reliqui incomparabiles malorum auctores et molestos, o Matrona! Atque pecuniam perdidi ac viam amisi, et quod ad filiam nuptam attineat, en, o Matrona, id cogitare aegre possum!'

'Filia tua nupta,' rogavit vectoraria, 'o Matrona, ubinam vitam ducit?'

'Prope flumen,' respondit Bufo. 'Prope lautam domum, Villam Bufonianam appellatam, quae hac in regione sita est circiter. Forsitan illam noveris?'

'Villa Bufoniana? Nempe ego illuc eo,' respondit vectoraria. 'Haec fossa ad flumen se iungit nonnullis milibus passuum, parum ante Villam Bufonianam; exinde facile est ambulare. Comitem me in vectorio adde; ita sit facilius.'

Bufo multis cum gratiarum actionibus vectorium ad ripam directum agiliter conscensit, et voluptate repletus consedit. Arcano 'Denuo surgit

Bufonis Fortuna,' arbitratus est. 'Supero semper!'

Vectorio tranquille labente, 'Nonne res ita se habet,' petivit comiter vectoraria, 'o Matrona, ut tute commercio vestilavatrix sis? Ut opinor, rem quidem fructuosam habeas, etsi aliquid inurbani loqui nolo.'

'Societatum omnium hac in regione,' inquit Bufo gloriose, 'est optima. Honestiores omnes ad me venire solent - ita bene me noverunt, ut cum alia tametsi pretio temptati commercium habere nolint. Rem cognitam habeo, et mihimet est cura. Lavatio, levigatio, amylatio clara, elegantiae honestiorum tunicae ad gerendum vespertinum aptae - hae omnes sub oculis meis fiunt!'

'Num tamen omnia, o Matrona,' verecunde rogavit vectoraria, 'tutemet facis?'

'Proh, sunt puellae,' inquit Bufo leviter: 'viginti prope, quae laborant incessabiliter. Sed tales non ignoras, o Matrona! Egomet ut opinor, proterviter se gerunt!'

'Ea de re tecum consentio,' inquit vectoraria summo cum studio. 'Sed ut arbitror, tute ignavarum mores correxeris! At nonne lavare perbene iuvat?'

'Oppido!' concordavit Bufo. 'Id deamo plane. Brachiis in labro submersis, nihil est quod melius exhilare potest. Ita facilis mihi est labor, ut labor haud sit! Perbene placet, id habeas pro certo!'

'Ita fortunata sum,' inquit vectoraria cogitabunda, 'te repperisse, ita pro ambobus tam feliciter.'

'Cur ita loqueris?' Bufo sollicitus rogavit.

'Iam me considera,' respondit vectoraria. 'Pariter me placet lavare; et quod ad hanc rem attineat, sive placet sive non, lavandria mea sunt mihi solae cura, quoniam sum vagabunda. Iam talis homo est coniux qui laborem declinet et vectorii curam mihi committat ut opera mea perficere rarissime possim. Iuste si se gerat, in praesentia adsit, sive dirigere opus sit sive equum curare, tametsi equus satis habet acumen ut se gubernet. Sed pro his, cum cane profectus est quopiam, cuniculi cenae venandi causa. Ad proximam piscinam se obviam iturum censuit. En, fortasse - neque eo fido, quandocumque illo cum cane abit, neque ipso cane, qui peius se gerit. Sed quemadmodum ego interea lavare possum?'

'En, lavandria obliviscere,' inquit Bufo, qui rem abhorruit. 'Animum tuum defigere et in cuniculum intendere conare. Cuniculus nitidus pinguis erit, pro certo habeas, et tener. An tu cepas habes?'

'Animum meum nisi in lavandriis intendere nequeo,' inquit vectoraria. 'Et mirifice est abs te de cuniculo dictum pro praesenti laetifico prospectu. Diaetae in angulo sunt vestes congestae. Sis, nonnullas sume necessarioris generis - tibi mulieri describere non sane conor - ut beate apud labrum vivas nobis labentibus, en, te placebit perbene, ut dicis sincere, et me adiuvaveris ita reapse. Labrum commodum et saponem et super fornace lebetem invenies, et est haustrum quo facilius aquam ex fossa adipiscaris. Tum te gaudere sciam qui aliter otiose oscitans faciem ruris modo spectes.'

Bufo nunc perterritus 'Sodes,' petivit, 'Clavum tenere permitte! Me directore, tu ipsa lavare poteris usu tuo. Fieri potest ut vestes vitiem vel usu ingrato lavem. Egomet honestiorum vestes lavare soleo. Mihi est labor peculiaris.'

'Num dirigere velis?' respondit vectoraria ridabunda. 'Opus est primum disciplinam colere, si vectorium prudenter dirigere vis. Opus autem aciem animi praestringit, et cupio ut laeteris. Minime: dum dirigo, lavationem dilectissimam tuam curare debes. Delectationem mihi qui placere volo tantum noli corrumpere!'

Deceptus est Bufo. Effugium cupiens circumspexit, sed ripam saltu attingere haud potuit, qui sortem reciperet morose. 'Si opus est,' censuit desperanter, 'ut opinor, quisquam etiamsi stultus lavare potest!'

Labrum, saponem et alia necessaria ex diaeta adeptus, nonnullas vestes inconsulte ac temere elegit, et quod per fenestras lavatoriorum quondam viderat in mentem reducere conans, se in re versari coepit.

Ira Bufonis magis magisque crescente, semihora perlonga intercessit. Nihil potuit quo melius lavandria purgarentur. Blanditiis conatus est, et alapis et ictibus: et laeta in peccato originis permanentia fastidiosa ex labro subridebant incoacta. Subinde trepidus retrospexit ad vectorariam, sed haec defixis oculis torpere visa est, tota in directione. Taeduit eum tergi, et cum consternatione praepedes rugatos animadvertit. Iam Bufo praepedibus superbiebat. Verba muttivit arcano quae non a summis labiis sive vestilavatricum sive Bufonum veniunt; et saponem quinquagiens amisit.

Cachinno pone sublato se erigit et circumspexit. Vectoraria septo nixa tam effrenate ridebat ut genae lacrimis humerent.

'Te observo incessabiliter,' anhela inquit. 'Quin tu istas diceres tricas nunquam dubitavi ob insolentiam tuam. Num tu es bella vestilavatrix? Quovis te spongiam quidem non lavasse pignore contendo!'

Bufo ut iram iam longe et acriter fervescentem nunc disruptam contineret amplius non potuit.

'Tu vectoraria es vulgaris sordida obesa!' exclamavit. 'Ita mihi digniori noli loqui! Vestilavatrix adeo! Scias me Bufonem esse; Bufo sum et perbene notus, magni aestimatus et clarissimus. Tametsi vita hoc in tempore laborem, a vectoraria non sum deridendus!'

Mulier eum appropinquavit avide intuitum sub eius bonnetum. 'En, ita vero!' clamavit. 'Ecastor! Foedus, squalidus, reptabundus bufo! Atque hic in vectorio meo mundo! Iam hoc est quod tolerare nequeo!'

Clavum brevi reliquit. Unum ingens maculosum brachium iecit ad praepedem Bufonis capiendum; altero crus arripuit. Tunc facies terrae inversa est repente, vectorium caelum leviter transvolare visum est, ventum praeter auros striduit, et Bufo se rotare ac per aera rapide volare repperit.

Aquae multa cum aspergine forti attectae etsi satis frigidae neque animum superbum vicerunt nec furibundi animalis iram temperaverunt. Summas aquas superavit expuens qui lemnaceis ab oculis extersis vectorariam obesam statim aspexit. Haec ridibunda vectorii recedentis ex puppe cachinnabat; atque Bufo velut tussiebat ac suffocabatur se ulturum esse iuravit.

Brachia extendit ad ripam petendam, etsi a stola multum retardatus est. Tandem inops auxilio ripam attactam scandere difficillime modo potuit. Ut animum revocaret brevem quietem cepit; deinde, parte stolae inferiori brachiis sublata, quam celerrime vectorium prosecutus est perindignabundus et ad ultionem intentus.

Vectorariam adhuc ridibundam praeterivit. 'Per prelum,' clamavit, 'o vestilavatrix, temet mitte! Tunc facie tua pressa ac levigata te honestum Bufonem ferre poteris!'

Bufo nec moratus est nec respondit. Ultor pertinax vincere noluit facilibus verbis, etsi nonnulla ad dicendum apta in mente habuit. Quod voluit a fronte vidit. Equo quam ocissime praeterito, funem laxatum abiecit et tergo molliter conscenso calcaria in ilias addidit ut cursu citato proficisceretur. Semita relicta apertum rus per agrariam orbitis impressam viam petivit. Semel quidem cum respexit vectorium in ulterioris fossae aquis sidere et vectorariam fanaticae corporis iactatione 'Ohe! Ohe! Ohe!' exclamare observavit. 'Iam illam cantilenam,' inquit ridens Bufo, 'dudum audivi,' qui equum ad cursum effrenatum admisit.

Equus ad tractandum tantummodo aptus erat qui summa cum contentione pergere non soleret. Mox igitur cursum citatissimum in ambulaturum paulatim imminuit. Bufonem tamen placuit qui se progredi sed vectorium immobile esse scivit. Bufo astute egisse arbitratus se collexit; atque sole longe lateque collucente iter fecit tranquille, ut fame perlonge laborans commodum ex deverticulis ac deviis callibus capiebat, quoad fossam navigabilem longissime abesse censuit.

Cum nonnulla milia passuum a Bufone comitatus iter fecisset, equus constituit capite demisso herbae arrodendae causa; atque Bufo ex somno solutus contendit ne ex equo delaberetur. Circum undique spectans agrum publicum vepribus ac virgultis partiliter vestitum nunc observare potuit. Prope eum erat carruca gitana fulva, et eam iuxta sedebat in hausto inverso homo, qui sedulo fumans amplum mundum intuebatur. Ad hunc vicinus erat ignis facibus factus, et super ignem pendebat vasa ferrea coquinaria, et ex vasa emergebant et bullitus et singultus cum admonitione vaporali. Erant autem nidores - nidores et calidi et copiosi et uncti et diversi - qui se immiscentes involuti denique in unum plenum voluptuosum odorem transmutati sunt, quasi ipsa Naturae anima coram liberis suis se ostendisset dea vera, mater consolatrix. Atque adeo Bufo vere non antea esurire se scivit. Quod paulum ante senserat nihil fuit nisi stomachi labes. Nunc veram rem pro certo habuit: et quin citatissime expleretur erat nullum dubium, ne vel aliquis vel aliquid conturbaretur. Diligenter et hominem gitanum intuens sive blandiri sive concertare scire vellet. Itaque consedit, et nasum nidore supinans gitanum contemplatus est; et homo gitanus sedit fumans, et Bufonem invicem spectavit.

Tabacotorio ex ore abducto gitanus mox quasi negligiosus 'Istumne equum,' rogavit, 'vendere velis?'

Obstupuit Bufo. Nec gitanos, qui occasionem nunquam amittunt, equos ex consuetudine mercari scivit, nec carrucis ut moveantur modo movendi opus esse unquam respexerat. Equum pecunia commutare non consideraverat, sed gitano iniiciente modum nunc habuit quo facilius binas necessitates ultimas - pecuniam et magnum ientaculum - nancisceretur.

'Quid iam?' inquit Bufo. 'Num suades ut hunc equum pulchrum meum vendam? Minime; ita putare nequeo. Quisnam lavandria ad possessores septimo quoque die reportabit? Eum autem amo qui ipse deamat penitus.'

'Amare burricum conare,' proposuit gitanus. 'Sunt qui possunt.'

'Ut videtur,' produxit Bufo, 'hunc equum lepidum meum praestare animo haud cernis. Generosus equus est ex parte; non illa parte quam tu nunc videtis sane - alia de parte loquor. Atque Equus Conducticius Meritorius fuit olim - antequam tu vidisti, sed facile est adhuc perspectu, si equos habeas cognotos. Minime, brevi quidem putare haud possum. Attamen quanti hunc pulchrum pullum equinum meum aestimas?'

Gitanus equum inspexit. Tunc Bufoni pari cura, tunc iterum equum inspexit. 'Solidi per crus,' dixit breviter. Adhuc fumans aversatus est ut defixis oculis torperet.

'Solidi per crus?' inquit Bufo. 'Sodes, paulisper opperire, dum rationem ineo summae elaborandae causa.'

Ex equo descendit quem pascentem reliquit, et iuxta hominem gitanum consedit, digitisque computavit; denique 'Solidi per crus,' inquit, 'en, summa est quattuor solidi accurate, nihilo magis. Minime, quattuor solidis hunc pulchrum pullum equinum meum vendere nequeo.'

'Ehem, hoc est quod possum,' dixit gitanus. 'Quinque emam solidis, etsi animal duorum tantum aestimo. Ita ultimam condicionem fero.'

Dein Bufo longe et penitus rem secum agitavit. Ieiunus enim erat et nummis nudus, et a domo adhuc aberat - nec spatium sciebat - ac forsitan inimici iam anquirent. Cui obstat res ita angusta, dives est qui quinque solidos habet. Contrarie, id pretium equo Bufo exiguum esse censuit. Attamen equum nullo pretio nactus est; itaque quanto acciperet, tanto proficeret. Denique firmiter 'Ecce, o gitane!' inquit. 'Hoc est quod faciemus; atque ego iam nimium profiteor. Mihi solidos sex dimidiumque des, praesenti pecunia; et quot ientaculi edere possum - una in sessione sane - tot mihi dabis, ex vasa tua coquinaria quae tam exquisite ac voluptuose olet. Quod ad me attinet, pullum equinum animosum meum tradam, omnibus cum instrumentis atque ornamentis mea sponte datis. Ultra si requiris, dicatur, ut pergam. Propter est homo mihi bene notus, qui hunc equum meum diu cupiebat.'

Questus est gitanus, qui se in paupertatem nonnullis talibus pactis redacturum censuit. Denique tamen, marsupio immundo ex imo braccarum sacculo tracto, stipulatos nummos tradidit. Tum in carrucam ingressus, mox et catinum magnum ferreum et cultrum et furcillam et cochleare rettulit. Vasam proclinavit ut pulchrum amplum ferventis pinguis liquoris flumen in catinum effunderet. Atque adeo liquor erat per se epulae, ex et perdricibus et phasianis et pullis et leporibus et cuniculis et pavonibus et meleagridibus et nonnullis aliis paratus. Catino in gremio posito, Bufo os farcivit avare ut paene lacrimans tuburcinaretur. Quanto plus petivit, tanto gitanus liberaliter dedit. Omni in vita nunquam ientaculum melius edidisse arbitratus est.

Bufo cum ientaculum quam continere censuit maxime devoravisset, surgens gitanum valere iussit, equum quoque et amanter; et gitanus homo, qui ripam bene cognovit, Bufonem de via certiorem fecit, qui quam laetissime reprofectus est. Nunc adeo Bufo ab animali abhinc una hora quod fuerat valde distabat. Sol clare fulgebat, vestimenta quondam madida iam aruerant, pecuniam denuo habuit, domum et amicos et securitatem appropinquabat, et, optime maxime, victu copioso calido nutritus erat, ut curis solutis se magnum fortem animi fidentem sentiret.

Hilare ambulans incepta sua et effugia secum agitabat; extremis in rebus, angustias nihilominus solverat; et superbia et vanitate turgescebat pectore. Mento sublato 'Ho, ho!' sibi inquit iter faciens, 'Tam astutus sum Bufo! Num est in omnibus terris animal quid me adaequat calliditate! Ab inimicis carceratus, ab excubitoribus cinctus, de nocte et interdiu a custodibus tutatus, hos omnes, ingenii per vires ac virtus purum evadere potui. Locomotivis ac pistolis vigiles persecuti sunt: sed ex aspectu me subtraxi pollice ad nasum ridens. In fossam navigabilem a muliere pingui maligna incommode iactus sum. Quid refert? Ad ripam no, equum occupo, victor discedo, et equum magno pretio vendidi qui ientaculum quidem optimum ederem! Ho! Ho! Sum Ipse Bufo, Is formosus, gratiosus, fortunatus Bufo!' Ita sibi placuit ut carmine se lauderet quod maxima voce etsi nemo nisi Bufo audire potuit ambulans cecinit. Veri simile defuit animal quod maiore cum vanitate unquam composuerat.

> *Iam plurimi fortissimi per mundum noti sunt,*
>   *Ut saepe docemur ex libellis;*
> *Sed Bufonis clarum nomen omnes celebrabunt*
>   *Scriptis vel vocibus gratissimis!*
>
> *Cati Oxonienses tot sciendis de rebus*
>   *Iampridem certiores facti sunt:*
> *Sed clarus Bufo mente antecellit omnibus*
>   *Illis contra famam quam nacti sunt.*
>
> *In Arca animalia mittebant lacrimas*
>   *Ex oculis torrenti fluvio;*
> *Quis dixit tunc, 'Aspicio hanc litoris oram'?*
>   *Bufo, desinente diluvio!*
>
> *Omne agmen iter faciens salutaverunt*
>   *Ut clarum inter viam aliquem*
> *Praeteriebant. Quisnam est? Regemne viderunt?*
>   *Non: dicebant Bufoni salutem.*
>
> *Ad fenestram Regina et ancillae pingebant*
>   *Acu ut oculis frequentiam*
> *Perlustrabant. 'Quis est quem omnes digite monstrant?'*
>   *'Est Bufo qui iam vadit per viam!'*

Erant plurimi similes versus, sed vanissimi quominus sint transcribendi. Hi sunt lenioris generis.

Canens proambulabat cantor, qui sensim arrogantia tumescebat. Mox tamen superbia ruitura erat maxime.

Nonnullis milibus passuum progressus magnam viam attigit, ubi circumspiciens punctum vidit appropinquare quae primo in maculam, deinde in glebulam, denique in aliquid pernotum est transmutatum; et summa cum voluptate sonum duplicem praemonentem accepit tantum melius notum auribus.

'Hoc est quod iuvat valde,' inquit Bufo trepidus. 'Iam beate vivo qui rursus magnum mundum tam longe amissum reperio! Eos salutabo fratres Rotae meos et blanditiis colligam ut hactenus erat mos meus prosper; et me tollere offerent sane, et multum loquar; ac forsitan, si di mihi favent, ad Villam Bufonianam vehar automobili! Ita Meles repulsam accipiet!'

In viam confidenter profectus est automobilis appellandi causa, quod summissa velocitate ad semitam appropinquabat. Sed pallevit repente trepidans, genibus horruit et strictura intus accepta in terram lapsus est incurvus. Atque apte ita se gessit infelix animal; nam accedens automobile idem erat quod illa in fatali die ad insignem Leonis Rufi ex hospitii cohorte surreperat, ex quo adeo omnes calamitates sunt ortae! Et vectores illi erant quos in refectorio ingressos prandii causa viderat!

Miser in viam considit qui acervus deformis videretur. Desperanter 'Actum est!' murmuravit. 'Iam actum est de me! Catenis iterum et vigilibus! Recarcerabor! Denuo panem siccum et aquam accipiam! Oh, tali stultitia gessi! Quamobrem ruri spatiabar qui inter viam nugas canens interdiu homines salutarem, qui aliter in noctem abditus domum tuto tranquille redirem! O miser Bufo! O infelix animal!'

Terribile automobile accessit lente quoad a Bufone paene praeterito auditum est sistere. Duo homines descenderunt miseri tremebundi rugati in terra iacentis acervi inspiciendi causa, ex quibus unus 'Heu, contristat!' inquit; 'Haec est mulier miseranda - ut videtur, vestilavatrix est - quae inter viam est intermortua collapsa! Calida fortasse tempestate est fracta misera; vel fortasse non hodie edidit. In automobile tollamus qui ad proximum vicum feramus, ubi non dubio quin amicos habeat.'

Bufone in automobile molliter sublato et pulvinis nixo iter renovaverunt.

Cum homines tam benigne ac benefice loqui audivisset, Bufo se incognitum esse scivit, qui animo restituto primo unum, dein alterum oculum caute aperiret.

'Ecce!' inquit unus ex honestioribus. 'Iam se colligit. Auris acceptis valescit. Nonne melius te habes, o Matrona?'

'Gratias tibi ago,' respondit Bufo summissa voce, 'O vir optime. Iam vero convalescere credo!'

'Ita vero,' inquit homo. 'Iam quiesce, ac silere maxime conare.'

'Ita conabor,' inquit Bufo. 'In mente habeo tamen, si iuxta directorem sedere possim, ut auris facie acceptis citius valescam.'

'Prudenter loqueris!' inquit honestior. 'Licet sane.' Itaque Bufone iuxta directorem molliter posito reprofecti sunt.

Iam Bufo paene apud sese erat. Recte sedit, circumspexit atque tremores, desideria, libidines reprimere conatus est; sed penitus ab his invasus.

'Haec fortuna fiunt!' sibi inquit. 'Cur obnitor? Cur conflictor?' Ac directorem versus se inclinavit.

'Sodes, o bone vir!' inquit. 'Automobile dirigere velim brevi, si patieris. Diligenter intuita opus facile esse et iucundum censeo; et automobile olim direxisse amicis ostentare mihi placeat!'

Director tanto cum studio risit ut erus certior de causa fieri vellet. Re explicata 'Euge, o Matrona!' inquit: 'Virtus tuus me delectat. Tentetur scientia tua. Protegimus ne fiant mala.'

Bufo desertum directoris sedile studiose occupavit qui clavum manibus prehenderet. Praeceptis simulata cum modestia auditis automobile movit lente ac caute, nam primo prudenter agere voluit.

Honestiores a tergo laudaverunt atque applauserunt, quos Bufo 'Ita bene agit' dicere audivit. 'Quinam vestilavatricem tam bene primum dirigere crederet?'

Bufo paulatim citius egit; citius etiam citiusque.

Honestiores 'Cave, o Vestilavatrix!' admonere audivit. Sed hoc male habuit Bufo qui furere coeperit.

Director intercedere conatus est, sed hunc in sedili vi cubitis reprimens Bufo quam celerrime egit. Et vento in faciem, et bombo machinae, et motione leni, cerebellum mobile hac fortuna dulci ebrium erat. 'Vestilavatrix adeo!' exclamavit temere. 'Ho! Ho! Is Bufo sum automobilium subductor, qui ex carcere effugit, qui semper evadit! Sedete immoti ut callidum agitationis exemplum accipiatis, quia Bufonis in potentia estis, Bufonis praeclari, cati, omnino impavidi!'

AURAE INTER SALICES

Omnes hac oratione perculsi surrexerunt corripiendi causa. 'Capiatur!' exclamaverunt. 'Capiatur Bufo istud animal automobilium surreptor! Ligetur, vincietur! Ad stationem vigilum ducatur! Tollatur Bufo desperatus infestus!'

Eheu! Opus fuerat prospicere, prudentius agere debuerunt! Ante talia gerenda opus fuit automobile continendum meminisse! Clavo semiverso Bufo automobile egit trans humilem sepem, quae praeter viam ducebat. Automobile fecit unum immanem saltum, dein violentissimum conflictum, ut rotae crassum stagni limum admiscerent.

Bufo se sensit quasi hirundo sinuose per aerem volare. Motionem habuit bene qui de alis coniecturam faceret ut in Bufolucrem iret, sed supinatus in herbam pratensem dulcem volare desivit. Sedens Bufo automobile in stagno paene submersum videre aegre potuit; honestiores cum directore amictibus impeditis frustra volutabantur.

Alacriter exsiluit et trans agrum quam celerrime cucurrit, sepes perrupit, fossas transiluit, sulcos tutudit ut denique anhelus fessus ambulare modo deberet. Cum anhelitum recepisset, tranquillus cogitare potuit, sed summissim cachinnare coepit qui aperte tandem rideret; et tam vehementer risit ut opus sub sepe sedere esset.

Gaudio exsultans 'Ho, ho! Denuo Bufo vincit!' exclamavit. 'Ut fit semper, Bufo victoriam reportat! Quisnam suasit tollere? Quisnam iuxta directorem sedere aurorum accipiendorum causa proposuit? Quis suasit ut dirigeret? Quis in stagnum mersit? Quis per aerem hilare volavit qui incolumis evaderet, dum vectores invidi ignavi iuste in luto manent? Sane Bufo; Bufo astutus, Bufo magnus, Bufo bonus!' Tum iterum canere coepit qui alta voce cantaret -

> *Inter viam automobile sonabat 'Pup-pup-pup!'*
> *Ut iter fecit rapidissime.*
> *Bufo in stagnum direxit ut persecutores*
> *Evaderet quam callidissime!*

'O me astutum! Quam astute, quam astute, quam astutissi - '

Sono pone eum ex procul audito retrospexit. Exanimatus est pavore! - metu! - angore! Tantum desperavit!

Distabant instar duorum agrorum agaso corio ocreatus cum binis vastis rusticis vigilibus, qui accurrebant quam ocissime!

Miser Bufo se in pedes reconiecit trepidus, denuo maturandi causa. 'Heu!' inquit anhelus, 'Ut me habeo pro ludibrio! Ludibrio vano negligenti! Rursus gloriabar! Denuo exclamans ac nugas canens! Tranquille sedens garriebam! Heu! Heu! Me miserum!'

Oculos retro coniecit, et perculsus sequentes attecturos esse censuit. Desperanter nonnunquam respiciens procurrebat, sed insectabantur tenaciter. Quam maxime contendit, sed pingue cum artubus brevibus ut erat animal magnopere premebatur. Iam insecutores appropinquare audivit. Nunc cursu neglecto etsi inimicos respiciens temere atque insane luctatus est, donec terra de pedibus repente subducta aerem arripere conatus En! aquas altas nactus est, torrentem adeo rapidum, qui impetu ineluctabili abstulit; ac se flumen pavore terroreque invita attigisse scivit!

Ad summas aquas surrexit ut arundines iuncosque, qui ad marginem fluminis vigebant, prope ripam appeteret, sed fortior erat torrens quo difficilius manibus prehenderet. 'Esto!' singultavit miser Bufo, 'Nunquam posthac automobile subducam!' Atque iterum submersus resurrexit exspuans. Mox magnum caecum in ripa foramen accedere vidit super caput; torrente latus huius marginem praepede tenaciter cepit. Dein lente ac difficile ex aquis se sustulit ut denique cubitis in extremo foramine inniteret. Eo nonnullis temporis punctis mansit effluans, nam per labores defatigatus est.

Dum Bufo ab imo pectore suspirat et efflat et in foramen intuetur, aliquid parvulum clarum ex obscuritate nitens micans ad eum appropinquavit. Ut accedebat, facies gradatim visa est, quae facies erat perbene nota!

Spadix et parvula, cum hirsutibus genis. Gravis et orbiculata, cum concinnis auriculis et pelle arta lene.

Erat Mus Aquaticus!

XI. 'O RUS, QUANDO EGO TE ASPICIAM?'

MUS CONCINNUM spadicem praepedem extendit, Bufonem cervice firmiter arripuit, et sustulit et traxit; et uvidus Bufo lente etsi tute marginem foraminis praeterivit qui salvus et incolumis in atrio staret. Limo lemnaque profecto inquinatus, aqua de corpore se effundente, ut olim tamen felix laetabatur; rursus enim apud amicum erat, elabi et effugere cessaverat, et indignam simulationem, quae tam difficilis fuerat sustentu, deponere potuit.

'Oh, Muselle!' inquit. 'Quo ex tempore me vidisti ita laboravi ut concipere nequis! Eiusmodi et per angustias et dolores, et omnibus cum summa dignitate toleratis! Tot fuerunt et effugia et simulationes et tergiversationes, quorum omnia constituta ac gesta sunt callidissime! Carceratus effugi - sane! In fossam navigabilem iniectus - ad ripam navi! Equum subduxi - magno pretio vendidi! Nemo est quin tricas darem - quin ageret quod volui! Oh! Non dubitandum est quin callidus Bufo sim! Quid fuisse inceptum nuperrimum putas? Quin tu hoc audires - '

'O Bufo,' inquit Mus Aquaticus severe ac firme, 'in sublime subi statim, et istas dilabidas vestes quae vestilavatrici quondam fuisse videntur, depone, et perpurga te, et quosdam meos vestitus sume, et quasi honestus reveni, si id fieri potest; rem enim pannosiorem discinctiorem infamiorem visu quam te nunquam spirans conspexi! Iam gloriari ac dissentire desine, et apage! Serius aliquid habeo dicendum!'

Bufo primo dissentendi causa manere propendit. In carcere saepenumero iussus est, quod abhorreret iam graviter; attamen iubi rursus coepit, ut visum est; atque a Mure adeo! Conspexit tamen in speculo non modo simulacrum suum sed etiam subfusculum super oculos dissolute insedentem bonnetum, qui mente in alio conversa celerrime et verecunde in privatam Muris cellam subiret. Eo cum venisset se perpurgavit lavans, vestes mutavit et superbus gratificatus ante speculum diu stetit se intuens; atque omnes qui eum vestilavatricem brevissime etiam putaverant perstultos fuisse censuit.

Cum descendisset, Bufo reperto in mensa prandio hilaratus est, quippe post ientaculum optimum a gitano datum et molestias sustinuerat et multum contenderat. Dum prandent, Bufo Murem de inceptis certiorem fecit; praecipue et in calliditate, et in praesenti apud casus animo, et in sua per angustias astutia commoratus est; et res hilares mirifices ei usu venisse significavit. Sed quo plus gloriose locutus est Bufo, eo gravius conticescebat Mus.

Denique cum Bufo sermonem producere non posset parumper infantes sedebant; tum Mus 'Ehem, Bufo,' inquit, 'te qui iam multum toleravisti dolore adficere nolo; attamen, et graviter abs te quaero, nonne te perstulte gessisse censes? Ut tu confessus es, et vinculatus, et carceratus, et famelicus, et adversariis instatus, et perterritus, et derisus, et in ludibrium versus fuisti; et in aquas cum ignominia iactus es - a muliere quidem! Cui oblectatione? Ita te gerens, quo modo vivis nisi miserrime? Haec omnia subivisti ob furtum automobilis. A primo automobili aspecto, nihil accepisti nisi calamitatem. Sed, si nullum fieri potest quin his diligas - et brevi mora facta, ita de usu diligis - cur subducis? Si claudicatione exhileraris, claudices; si velis, pro permutatione, rationes conturbare, ita bene; cur tamen ad poenam damnatus esse eligis? Quando tibi erit in animo te prudentius gerere, et sodales respicere, ut nos coram populo famae tuae non pudeat? Num, exempli gratia, cum errans audirem animalia me censere damnato socire, me gaudere putas?'

Iam Bufo suave benignum animal erat, cuius natura delectabat, qui sincerorum sodalium vituperationem aegre tulit nunquam. Atque adeo aliquid maxime cupiens contrarias sententias aestimare semper poterat. Itaque haec dum Mus graviter dicit, Bufo, etsi sibi seditiose 'Enimvero mihi placuit!' inquiebat, 'Magnopere placuit!' et introrsum sonitus alienos suppressos - *cic-cic-ciccc-cc* et *pup-pupuppp* - aliosque qui fremitus repressi videbantur, vel laguncularum vino effervescenti completarum sibila faciebat, perfecto nihilominus Muris sermone et longo ducto suspirio, 'Iuste loqueris,' inquit comiter ac summisse, 'mi Muselle! Semper gravis es! Ita vero, vanus stultissimus fui, ut iam censeo; dehinc tamen bonus Bufo ero, qui ita me gerere rursum nolim. Quod ad automobilia attinet, in flumen nuperrime demersus haec diligo minime. Reapse anhelus foraminis margini adhaerens rem animo repente concepi - splendidam rem - de machinis introcomburentis navicellarum ad propellandum aptis - bono animo esto, mi vetule, et supplodere desine, res evertere noli; in animo modo habui, de quo loqui iam non possumus. Coffeae decoctionem bibamus, et tabaco utamur, et tranquille garriamus; postea ad Villam Bufonianam ambulabo, et vestes meas proprias adipiscar, et omnia ut ante instituere conabor. Apud me de inceptis iam actum est. Tranquille, constanter, honeste vivens per fundum deambulabo qui hortum colere et alia meliora facere in animo habeo. Sodales apud me semper cenare poterunt; cisium habebo ut rus obeam, ut meus quondam erat mos, antequam inquietem pati coeperam.'

'Ad Villam Bufonianam ambulare vis?' exclamavit commotus Mus. 'Quid dicere conaris? Nonne de rebus certior factus es?'

'Quibus de rebus?' rogavit Bufo quippiam pallescens. 'Eloquere, Muselle! Cito! Aliquid celare noli! Quid est?'

'Nonne dicis,' clamavit Mus mensam pugno parvulo ingerens, 'te certiorem de Muribus Ponticis et Mustelis non factum esse?'

'Quid de Feris Silvestribus?' petivit Bufo tremebundus. 'Nescio! Quid egerunt?'

' - et de Villa Bufoniana occupata?' produxit Mus.

Bufo cubitis in mensa et mento in praepedibus innixus est; atque magna lacrima utroque ex oculo orta exundavit quae mensam *plop! plop!* aspersit.

Mox 'Produce, Muselle,' murmuravit; 'omnia doce. Actum est de nequissimis. Animal sum denuo. Haec ferre possum.'

'Cum - in angustias,' inquit Mus lente ac graviter, 'te - repperisses; significare velim, cum - pro tempore - coram sodalibus, id est - non adfuisses, quendam - ut scis, de machina - propter errorem - '

Modo nutavit Bufo.

'Ehem, res erat,' produxit Mus, 'pervagata regionis sermone sane, sed etiam in Fera Silva erant Animalia vel abs te vel pro te, quod semper fit. Riparia te defenderunt, atque te magna cum infamia habitum esse et iustitiam a terra nunc deesse censuerunt. Sed animalia Ferae Silvae destrinxerunt, et te iuste damnatum, et quin talia facinora sint supprimenda nullum esse dubium arbitrata sunt. Et insolescentia te omnino perditum esse obtunderunt! Sunt te nunquam reventurum opinata - nunquam! Nunquam!'

Silens Bufo denuo nutavit.

'Ita se gerunt tales bestiolae,' produxit Mus. 'Sed Talpa et Meles, per ardua contendentes, censuerunt te mox rediturum esse, etsi quomodo nesciebant accurate!'

Bufo recte sedere et quippiam inepte subridere coepit.

'Argumentati sunt,' inquit Mus, 'ex memoria rerum gestarum. Nulla lex, ut arbitrabantur, talem contra impudentiam vel simulationem quae tibi sunt propriae, vel praesertim contra aliquem qui in suis nummis est, unquam praevaluisse constat. Itaque cum paucis ad vitam necessariis ad Villam Bufonianam profecti sunt, qui commorantes curarent ut domus cum revenires sit parata. Sortem sane non exspectabant tam infaustam; consilium nihilominus ab animalibus Ferae Silvae conceptum fuisse suspicati sunt. Iam adest narrationis pars gravissima ac tristissima. Quadam nocte - caliginosa foeda imbribus ac vento nocte - manus bene armata mustelarum secundum viam privatam ad ianuam tacite irrepsit. Simul corpus viverrarum desperatorum hortum olitorium transierunt, quod cohortem et externas tectas occupavit; et velitans murium ponticorum caterva, qui nihil non ausi, et clauso et tudiculario potiti sunt quo fenestras Gallicas, quae pratulum prospiciunt, facilius spectarent. Talpa et Meles apud focum in oeco res gestas enarrantes sedebant. Nihil mali suspicabantur, quod nox tam foeda erat et ad itinera ab animalibus facienda haud apta. Sed ostiis fractis illi scelesti saevi et sanguinarii praedones undique irruperunt. Nostri quam fortissime pugnaverunt sed inutiliter sane. Inermes de subita incursione perturbati, quid contra sescenta possunt duo animalia? Miseri etsi fideles, fustibus percussi, sugillati et omnibus contumeliis vexati foras tali de foeda nocte exturbati sunt!'

Iam callosus ac crudelis Bufo summissim cachinnare coepit; sed se collegit ut severus et gravis videretur.

'Atque Feri Silvestres,' produxit Mus, 'adhuc Villam Bufonianam habitant. At quam otiose vel barbare se gerunt! Dimidiam diei partem in lecto dormiunt, horis diversis ientant, et domus tam sordida est facta (ut dicitur) ut aegre apta ad videndum sit! Escam tuam comedunt, vina tua bibunt, male de te nugantur, et cantilenas recinunt, de - ehem, de carceribus, et de quaesitoribus, et de vigilibus; horridas cantilenas, acuminis expertes, et multa cum contumacia. Atque tabernarios et ceteros certiores fecerunt ut permanere proponerent.'

'Itane'st vero?' inquit Bufo, qui sella relicta fustem sumpsit. 'Ego restinguam mox et facile!'

'Conari est cadere, Bufo!' clamavit Mus. 'Melius est revenire ac resedere; tantum adflictaberis molestia!'

Sed Bufo iam profectus se refraenare noluit. Fuste ad humerum, iracunde muttiens secundum viam pedem acceleravit. Prope ad ianuam suam cum venisset, subito trans septum aspexit viverram longum flavum fusillam vibrantem.

'Quis nunc adest?' interrogavit animose viverra.

'Apage!' respondit periratus Bufo. 'Quidnam vis ut ita mihi loqueris? Iam desine - an - '

Viverra nihil dixit, sed fusillam ad humerum apposuit. Bufo ad terram prudenter accidit, et glans super caput cum plausu stridere audivit.

Bufo consternatus surgit ac se quam celerrime in pedes secundum viam coniecit; atque in fugam datus viverram cachinnare, alios quoque voces tenues diros crebrescere audivit.

Tristis ac demissus Murem certiorem fecit.

'Quidnam dixi?' petivit Mus. 'Inutile est. Sunt vigiles in statione et omnes armati. Opus est tempus aptum exspectare.'

Bufo nihilominus ex vestigio concedere noluit. Itaque navicella conscensa ad pratulum Villae Bufonianae, quod aquas attingebat, adverso flumine usque remigavit.

Venusto domicilio conspecto remos reposuit ut prospectum oculis caute perlustraret. Omnia tranquillissima, derelicta, pacata videbantur. Omnem Villae Bufonianae frontem, quae vespertina solis luce refulgebat, columbas quoque quae sive binis sive trinis super culmen rectum sidebant; hortum florum omnium varietate splendentem; aestuarium ligneo ponticulo transverso quod ad tectum lintrale adducebat; omnia quieta, deserta, quasi ad reditum eri parata nunc videre potuit. Tectum lintrale primum indagare censuit. Circumspecte os aestuarii praeteriverat, ponticulum modo subterlabebatur, ubi repente ... !

Magnum saxum ex alto demissum imam navicellam perfregit, quae expleta desideret ut Bufo altis aquis luctaretur. Suspiciens duos ponticuli pluteo innixos viverras aspexit, qui perlaeti intuebantur. 'Proxime, Bufonelle,' praedicaverunt, 'caput tibi icetur!' Bufone indignabundo ad ripam nante, viverrae cachinnaverunt et inter se innixi cachinnaverunt denuo quasi duobus impetibus affecti - id est, sane, singuli.

Perfessus Bufo pedem rettulit et incommodum experimentum Muri exposuit.

'En, quidnam dixi?' inquit Mus iratus. 'At quid fecisti? Eccere! Navicellam, quam fovi, perdidisti; hoc est quod fecisti! Ac vestes quas tibi commodavi fere corrupisti! Enimvero, o Bufo, tu molestum animal es - mirum est ut amici tibi non desint!'

Statim Bufo se male ac stulte gessisse animo crevit. Errata peccataque agnovit et Muri de lintre perdita vestibusque vitiatis se excusavit. Atque illa cum aperta pactione qua facilius sodalium reprehensionem in amicitiam vertere semper cogeret, 'Muselle!' ad finem adducens inquit, 'Iam cerno Bufonem in me contumacem pervicacem vixisse! Me modeste ac summisse posthac gessurum credere quis, qui nihil nisi caute atque consulto teque approbante faciet!'

Iris iam mitigatis, 'Si res ita est vero,' respondit Mus facilis, 'hoc in modo suadeo: quippe enim serum est diei, cenaturus sedeas - nam cena in mensa mox aderit - et res toleranter atque summisse feras. Nos enim pro certo nihil posse habeo nisi Talpa Meleque viso, quo melius omnibus novi datis collocuti moniti hoc in difficili re consilium capiamus.'

'Heu, Talpa et Meles, sane!' inquit Bufo leviter. 'His de honestis animalibus, quid novi? Prorsus oblitus sum eorum.'

'Ita bene requiris!' exprobavit Mus. 'Dum tute vel per regionem automobilibus sumptuosissimis veheris, vel superbus generosis equis gestaris, vel dapsile ientas, duo animalia misera studiosa omnibus caeli moribus sub Iove consedebant quae interdiu inculte viverent et noctu dormirent perdifficillime; quae domum tuam observarent, quae fines tuos circumirent mustelas muresque ponticos intuitum, ut moliendo atque consiliendo possessiones tibi restituantur. O miser Bufo, qui tales amicos fideles, quamvis indignus, habere potes nihilominus! O indigne! Olim et serius eorum non satis aestimavisse te pigebit!'

Bufo lacrimas amaras mittens 'Me ingratum scio,' singultavit. 'Iam per obscuritatem dimittar eos repertum, aerumnas cum eis partitum, ut me praebiam ... sed cunctare! Nonne catillorum in ferculo sonum audivi? Iam demum cena adest! Euax! Age, o Muselle!'

Mus Bufonem miserum meminerat in carcere longe fuisse et cibo male edisse, atque praecipue igitur indulgendum. Itaque ad mensam secutus eum hortatus est ad satiendum ut deprivationem obliviceretur.

Itaque cenaverunt, et cum cathedris modo resedissent fores pulsari audiverunt.

Tremebundus fuit Bufo, sed Mus arcano nutu dato ianuam cito aperuit ut intraret Meles.

Quin Meles solatia commoditatesque domestica nonnullis noctis dimisisset non erat dubitandum. Calceos lutulentos gerens ipse immundus erat; sed nunquam, et munditiam si reapse petens, Meles bellum ac lepidum animal fuerat. Hic ad Bufonem sollenniter accedit, qui dextra data 'Salve, o Bufo!' iussit. 'Eheu! Iam quid inquam?' produxit. 'Salve adeo! Utinam apud te salvere iubeam! O Bufo miser!' Dein aversatus ad mensam sedit et sella attracta magno crusti frigidi frusto vesci coepit.

Ita severe ac monstruose salvere iussus Bufo perturbatus est: sed Mus 'Noli te cruciare,' susurravit, 'expedit tacere. Aliquid ei dicere noli breviter. Meles esuriens animum semper demittit. Semihora elapsa animal videbitur plurimum mutatum.'

Itaque tacentes exspectabant, et mox pulsatum est iterum, etsi levius. Mus dato Bufoni nutu ad ianuam Talpae immundi pannosi ac pelle faeno ac stramento ferenti progressus est admittendi causa.

'Io! Bufo ades o mi vetule!' clamavit Talpa vultu affulgente. 'O! Dulce est, te tutum revidere!' Atque circumsaltare coepit. 'Te tam cito reventurum haud credidimus! Nonne effugium procuravisti, tu callidus, tu astutus Bufo ingenio haudquaquam tardo!'

Mus conturbatus Talpae cubitum cepit; sed serius egit. Iam Bufo intumescebat.

'Callidus?' clamavit. 'Ex amicis minime. Ex validissimo Angliae carcere effugi! Atque locomotivam cum omnibus carris cepi ut fugirem! Atque habitu permutato rus transiens omnes fefelli! Sed haud ita est! Perstultus sum! Nonnullis de audaciis te Talpam certiorem faciam ut controversiam ipse dirimas!'

'Ehem,' inquit Talpa qui ad mensam motus est cenatum. 'Sodes, loquere dum edo. Post ientaculum nihil edi! Io! Io!' Sedit qui bubula assa frigida et cepis aceto conditis vesceretur.

Bufo ante focum otiose stans praepedem nummis plenum protrusit. 'Hos observate!' ostendens exclamavit. 'Nonne hi valde satis sunt pro labore nonnullorum temporis punctorum? Ac quo modo me egisse putas, o Talpa? Equis negotiatus sum! Ita pecuniam acquisivi!'

'Age, o Bufo!' inquit Talpa perattentus.

'Bufo, sodes, tace!' inquit Mus. 'Atque tute, o Talpa, qui eum noris bene, noli hortari; sed quam ocissime nos rerum de statu certiores fac, et quod faciendum sit optimum doce, iam cum Bufo revenit denique!'

'Quam malae res fieri possunt,' respondit Talpa aspere, 'ita malae sunt; atque nescio quod est faciendum. Ego et Meles interdiu noctuque fines circumambulamus; eadem semper reperimus. Ubique stationes dispositas habent; fusillas protrudent; lapides iaciunt; semper animal prospectat; et nobis visis, quam rident! Hoc est quod me pessime habet!'

Mus penitus cogitans 'Difficillime est,' censuit. 'Nunc tamen ex imo animo id quod Bufoni sit faciendum reperio. Hoc est. Eum est - '

Pleno cibi ore, Talpa 'Minime, aliter agat!' exclamavit. 'Aliter omnino! Haud complectaris! Quod faciendum est, est - '

'Quoquo modo, nolo id facere,' inquit Bufo irritabiliter. 'A vobis iussi nolo. De domo mea colloquimur, ac consilium meum habeo, de quo vos certiores faciam. Hac ratione - '

Iam tria animalia alta voce simul et tam clamose loquebantur ut inter se aures obtunderent. Audiverunt repente tenuam aridam vocem 'Iam tacete omnes!' iubere. Conticuerunt omnes illico.

Erat Meles qui frusto crusti edito et se in sella versato severe intuebatur. Audientiae potitus ceteros sermonem exspectare censuit, sed ad mensam se reversavit tantum, qui caseum praepede peteret. Atque ceteri firmas egregii animalis qualitates ita venerabantur ut exspectantes nihil dixerunt quoad cena finita micas de gremio verrerat. Bufonem inquietum Mus cohibuit firmiter.

Meles cum perfecisset surgit et penitus meditans ante focum stetit. Denique eloquens 'Bufo!' inquit graviter. 'Tu male, turbulentum animal! Nonne pudet? Nonne quae patrem tuum, amicum quondam meum, dixisse censes, si hodie foret in terris et omnia delicta tua cognovisset?'

Bufo in toro iacens iam per pronum volvit ut pectore contrito lacrimas mittebat.

'Iam tranquillus sis,' produxit Meles lenius. 'De peccatis actum est. Posthac malitia mutentur in meliora. Sed Talpa ex veritate locutus est. Viverrae in statione dispositi sunt ubique, qui excubitores optimi sunt omnis mundi. Armis domum petere est inutile. Fortiores sunt quominus vincere possemus.'

'Ergo actum est,' singultavit Bufo cuius lacrimae pulvinos aspergebant. Militaturus nomen dabo. Villam Bufonianam meam caram dehinc videbo nunquam!'

'Age, Bufo, animum demissum erige!' iussit Meles. 'Praeter oppugnationem sunt alii modi quo facilius locus recipiatur. Ultima verba iam non dixi. Rem occultam nunc enuntiabo.'

Bufo lente se erexit et oculos siccavit. Res arcanas accipere delectabatur, quoniam celare nunquam potuit, quandocumque de occultis certior factus quae celare sollenniter pollicitus erat, illicite ac furtim patefacere iuvavit.

'Est - cuniculus - quidam,' dixit Meles graviter, 'qui ex ripa, hoc ex loco non procul, usque in mediam Villam Bufonianam perducit.'

'Proh, fabulas agis! Meles,' inquit Bufo quippiam leniter, 'fabularum cultum fecisti quae huius regionis in cauponis narrantur. Villa Bufoniana intra extraque mihi perfecte notissima est. Quin desit cuniculus est haud dubitandum; id habe pro certo!'

'Mi amicule,' respondit Meles pergraviter, 'pater tuus, dignum animal ut erat - dignius quibusdam mihi notis - me usus est familiarissime, qui multa me docuit quae tibi retegere non ausus est. Illum cuniculum invenit - ipse non effodit sane; aedificatus erat sescentos ante annos, antequam pater hic venit habitatum - quod refecit et emundavit, quia contra molestiam vel periculum olim profuturum esse censuit; et mihi monstravit. "Noli filium meum de hoc certiorem facere," inquit. "Bonus puer est, sed levibus moribus ac variis qui arcana celare nequit. Si unquam laborans uti possit, de cuniculo occulto certiorem facere licet; sed non ante."'

Cetera animalia Bufonem oculis tenebant ut eum sententiam accipere annon viderent. Bufo studium morosum habere primo visus est; sed quod reapse probus erat, se in spem cito erexit.

'Ehem,' inquit, 'fortasse sim loquax. In vulgus gratus ut sum – sodales mi vident - sermonem conferimus, garrimus, facetias narramus - et nescio quo modo, sed largius loquor. Loquendi artem habeo. Mihi suasum est saepe ut *salon* haberem, hoc quodcunque sit. Sed de minimis curare nolimus. Age, o Meles. Hoc cuniculo tuo, quo modo uti possumus?'

'Aliquid commodi,' produxit Meles, 'nuper repperi. Lutram rogavi qui caminoverrarii vestibus amictus ad posticum cum aptis instrumentis opus quaereret. Crastino vesperi se habebunt magnae epulae. Hae natalitia erunt alicuius - ut credo, Principis Mustelarum - atque omnes mustelae in cenatione congregaverint edendi bibendique causa qui curis solutis cachinnantes nihil suspicabuntur. Deerunt et fusillae, et gladii, et fusti, et omnis armorum genus!'

'Sed excubitores dispositae erunt, ut fit semper,' dixit Mus.

'Exquisite,' respondit Meles; 'et in hoc est caput. Mustelae excubitoribus fident in totum. Iam idoneus erit noster cuniculus. Is perutilis cuniculus usque ad panarium promi ducit, iuxta cenationem!'

'Aha! Illa stridula in panarium promi tabula!' inquit Bufo. 'Iam intellego!'

'In panarium promi tacite nos insinuabimus - ' inquit Talpa.

' - cum et pistolis et gladiis destrictis et fustis -' clamavit Mus.

' - et oppugnaturi irrumpemus - ' inquit Meles.

' - et tundemus, tundemus, tundemus!' exclamavit Bufo nunc valde laetus, qui sellas transiliebat cursitans.

'En, sane,' inquit solito arido modo resumpto Meles. 'Consilium nostrum se habet ratum. Ergo inter vos praeterea nec discordare neque altercari proderit. Itaque cum multa nocte est, nobis lectos petere iam oportet. Omnia facienda componemus crastino mane.'

Sane Bufo sicut ceteri lectum petivit obsequens - nam detrectare non ausus est - quamquam animo incitato dormire non potuit. Diem tamen longum ac inceptis plenum degerat; atque textilia stragula illi qui carceratus stramentum modo et exiguum in pavimento extenderat mollia percommoda visa sunt; et haud ita multo post capite in pulvino stertere aequo animo coepit. Neque expers somniis dormivit sane; sed de viis somniavit quae requisitae fugerunt, et de fossis navigabilibus quae persequentes eum exceperunt, et de vectorio quod in cenationem dum Bufo inter amicos cenat lavatis vestibus onustum invectum est; et solus per occultum cuniculum iter fecit, sed hic se torsit et quassavit et se in fine suo erexit; denique tamen, etsi nescivit quo modo, se in Villa Bufoniana repperit tutum triumphantem coram omnibus sodalibus qui Bufonem callidum laudarent.

Proximo mane ex lecto surrexit serius, ut alia animalia iam ientavisse cognoverit. Talpa aliquo profectus erat solus qui neminem de consilio suo certiorem fecerat. Meles in cathedra sedebat actorum diurnorum perlegendorum causa, qui de inceptis vespertinis eventuris curabat minime. Mus autem occupatus multa arma ferens cursitabat, quibus acervos quattuor strueret; huc et illuc ruens *'Hic-gladius Muri'st, hic-gladius-Talpae'st, hic-gladius-Bufoni'st, hic-gladius-Meli'st! Haec-pistola-Muri'st, haec-pistola-Talpae'st, haec-pistola-Bufoni'st, haec-pistola-Meli'st!'* sub voce muttiebat percito. Ita constanter ac numerose quattuor acervi aucti sunt.

Mox 'Benevole agis sane,' inquit Meles, 'o Mus,' qui occupatum animal super marginem chartae intuebatur. 'Non culpo te. Sed viverris et eorum fusillis detestabilibus vitatis, gladiorum pistolarumque, ut opinor, opus deerit. In cenatione nos quattuor animalia fustibus omnes ocissime fugabimus. Egomet omnia solus perficere possim, sed ludum vobis adimere nolim!'

Mus cogitabundus 'Bene habet,' inquit, 'praecavere,' dum secundum pistolam manicis expolitam aspicit.

Ientaculo edito Bufo fustem sustulit quo facilius ficta animalia concideret. 'Eos de villa mea furtum facere perdiscam!' exclamavit. 'Eos perdiscam! Perdiscam!'

'Noli *perdiscam* dicere,' inquit Mus valde offensus, 'Bufo. Verbo inapto ita uteris.'

'Cur Bufonem,' interrogavit Meles, 'semper conviciaris?' quippiam stomachose. 'Grammatica nihil est ad rem. Verbis similibus egomet utor similiter et id quod mihi convenit loqui tibi opus est accipere!'

'Paenitet,' inquit Mus modeste. 'Censeo tantum ut *docebo* ei opus est dicere, potius quam *perdiscam*.'

'Sed, cum docere volumus,' respondit Meles, 'opus est reapse ut discant. Itaque "eos perdiscamus" mihi satis bonum est dicere, et noli dubitare quin peragere possimus!'

'Proh, bene sit,' inquit Mus, 'quo modo velis, illo modo loquere.' Ipse iam aliquantum turbatus mox in angulum se recepit, unde 'docebo, discam, discam, docebo' muttire audiebatur quoad aspere a Mele ut desineret iussus est.

Haud multo post Talpa aliqua re manifesto elatus inruit. Cito 'Quam me oblectavi!' dixit, 'Mures ponticos ludificatus sum!'

'Nonne Talpa,' rogavit Mus inquietus, 'prudenter egisti?'

'Credo sane,' respondit Talpa haud dubitanter. 'In culina ientaculi pro Bufone conservandi causa cum venissem notionem in mentem cepi. Pannosa vestilavatricis vestimenta, quibus amictus heri advenit, ante focum arescentia inveni. Itaque his amictus bonneto quoque ac palliolo ad Villam Bufonianam profectus sum, quam audacissime. Excubitores sane aderant cum fusillis, qui "Quis nunc adest?" et ceteras nugas rogaverunt. "Salvete, mei boni!" reverenter iussi. "Habetisne hodie lavandria?"

'Illi superbi me contumaciter intuiti "Apage! o Vestilavatrix!" iusserunt. "In statione lavandria nobiscum non habemus sane."

'"Neque unquam?" rogavi. Ho, ho, ho! Nonne iocose egi, o Bufo?'

'O tu miserum, stultum animal!' inquit Bufo fastidiose. Etenim Talpae magnopere aemulatus est, cum ille accurate ea fecisset quae se fecisse cupivit, et quae, ut censuit, nisi diutius dormiverat, peregisse posset.

'Inter mures ponticos,' produxit Talpa, 'erant qui ferme rubescebant, ut praefectus mihi, "Iam absis," diceret, "bona Matrona, apage" et aspere, "Ne facias quod excubitoribus suaderet colloqui et cessare."

'"Mihi num est abiendum?" rogavi; "sunt alii quibus mox abiendum erit, vel fugiendum potius!" '

'Proh, Talpelle!' inquit consternatus Mus, 'quam male egisti!'

Meles acta diurna deposuit.

'Eos aures adrigere vidi,' produxit Talpa, 'et inter se contemplari; et praefectus "Illam neglegete," iussit, "hariolatur tantum atque insanit."

'"Itan'st vero?" dixi. "En, hoc modo vos certiores faciam. Filiam habeo quae pro Mele lavandria curat. Scire igitur me veraciter loqui potestis; et cito verum cernere poteritis. Hac ipsa nocte, centum sanguinarii fusillis armati meles Villam Bufonianam trans septum oppugnabunt. Sex lintribus utentes Mures flumine adversus venient in hortum escensum, pistolis ac gladiis armati; et Bufonum corpus electum, qui 'Capita Mortis' vel 'Pro Gloria Morituri' Bufones appellantur, ultores pomarium expugnabunt. Pugna perfecta, aliquid lavandum deerit, nisi vosmet tempestive in fugam contuleritis!"

'Tunc ego fugam cepi, donec inobservatus me occultarem; moxque praeter fossam serpsi ut per sepem aspicerem. Omnes quam timidissime atque infirmissime modo huc modo illuc secum conflictantes discurrebant, et inter se iusserunt qui haud caverent; ac praefectus murum ponticorum coetus per fundum procul mittebat, sed alios cito revocandi causa; et inter se dicere "Proprie se gerunt mustelae," audivi, "dum in cenationem iucundi manent et convivandi et propinandi et canendi et gaudendi causa, nobismet excubitoribus per frigus et inter tenebras opus erit laborare ut a sanguinariis melibus succideremur." '

'O tu stultissime Talpa!' clamavit Bufo. 'Omnia vitiavisti!'

'O Talpa,' inquit Meles voce arida tranquilla, 'te percipio digitulo sensum habere, quo alia quaedam animalia non omni pingui corpore praestant. Egregie egisti, ut magnopere in te sperare incipiam. O bone Talpa! O callide Talpa!'

Aemulatus est Bufo, praesertim quod calliditatem Talpae assequi nequivit; sed feliciter, ante aut intemperanter eloqueretur aut amara Melis dicta sustineret, ab aere ad prandium vocati sunt.

Cibum vulgarem ceperunt, in quo tamen fuit multum alimenti - et lardum et vicias fabas et collyram; atque cum pransum esset Meles se in cathedra collocato 'En, res gravis nocturna,' inquit, 'nobis est parata et, ut opinor, usque ad multam noctem opus erit laborare; ergo, dum possum, brevi somno utar.' Atque sudario super facie posito stertere mox coepit.

Quod sollicito Muri opus erat parare resumpsit assidue, qui inter quattuor acervulos iret tolutim, '*Hic-balteus-Muri'st,*' muttiens, '*hic-balteus-Bufoni'st, hic-balteus-Meli'st,*' taliter, quotiens arma produxit, quae innumerabilia viderentur. Itaque capto Bufonis humero Talpa foris duxit et, dum in sellis vimineis sedent, omnia ab initio ad finem ut audiret de inceptis narrare suasit; atque Bufo studiose paruit sane.

Talpa attento animo auscultavit, et Bufo nemine aut contradicente aut in iudicio elegante omnia in maius extollere coepit. Atque adeo qui ex nobis est quin multum supposticium 'quid-fieri-posset, nisi-haud-multo-post-in-animum-venit, sed-serius' censeat narrationis numero rerum?

Talia sunt incepta semper optima salsissima; quae adeo non vere tantum nobis, quantum ipsa sunt incepta quoque levissima?

XII. ULIXES REDUX

Mus primis tenebris incitatus amicos in oecum arcessivit ut unusquisque iuxta acervulum suum staret, quo facilius se ad expeditionem pararet. Mure graviter ac iuste agente, consumpsum est tempus. Primo omne animal accinctum est balteo; dein dextro latere gladius et laevo ensis falcatus compensans, tunc binae pistolae, fustis, aliquot manicae, fasciae et ligamina, laguncula et cibaria addita sunt. Meles iocose 'Ita bene,' inquit, 'Muselle. Te delectat et me non laedet. Hoc tamen uno fusto omnia faciam.' Sed Mus 'Sis, o Meles!' inquit, 'Ne posthac aliquo praetermisso me culpaveris!' tantum.

Omnibus paratis Meles una praepede lanternam altera fustem magnum sumpsit. 'Iam sequerete me!' iussit; 'Talpa primus, quod opus eius approbavi; Mus secundus; Bufo postremus. Atque Bufonelle, te moneo! Cura ne nimium garriens remittereris!'

Tantum sollicitus erat Bufo ut deteriorem statum acciperet summisse, ne relinqueretur; atque animalia profecta sunt. Meles praeter flumen brevi spatio duxit, quoad repente de margine ripae super aquas ad foramen se iecit. Talpa et Mus Melem in silentio secuti sunt qui in foramen se darent; sed Bufo cum conaretur perturbatus in aquas cum magno clamore atque ululatu lapsus est sane. Ab amicis cito extractus defricatus est et constituere coactus, sed Meles periratus certiorem fecit ne ineptiis iterum factis nullus esset exitus quin relinqueretur.

Tum in cuniculum occultum cum ventum esset, demum coepit incursio contra incautos illicitos possessores!

Cuniculus et frigidus et obscurus et humidus et humilis et angustus erat ut Bufo iam miser madefactus frigore horreret et metu contremisceret. Lanternam procul et aegre videbat qui per tenebras aliquantum moraretur. Tunc Mure 'Festina, o Bufo!' monere audito ita terrore afflictus, ne solus in obscuritate relinqueretur, tam celeriter procurrit ut Murem in Talpam et Talpam in Melem propelleret et omnia permiscerentur.

Meles se a tergo oppugnari arbitratus, sine loco quo facilius vel fustem vel ensem falcatum destringeret, pistolam cepit qui ne glandem in Bufonem mitteret se repressit aegre. Cum de casu certior esset factus, periratus iterum 'Iam iste Bufo,' dixit, 'molestus relinquatur!'

Sed Bufo vagiebat, et duo alia animalia se pollicita sunt curatura ne rursus se male gereret. Tandem Mele placato profecti sunt denuo; nunc tamen firmiter capto Bufonis humero erat Mus qui agmen clausit.

Itaque auribus adrectis praepedibus apud pistolas iter fecerunt pedetemptim. Denique Meles 'Iam demum,' censuit, 'sub ipsam domum paene venimus.'

Tum susurrum repente audiverunt parum clare etsi procul, sicut paene super capitibus suis, quasi erant qui et clamarent et vociferarentur et supploderent et mensas pugnis contunderent. Denuo Bufo terrorem penitus accepit, sed Meles placide 'Gaudent mustelae!' inquit.

Iam cuniculum acclivem invenerunt; et cum paulatim longius itum esset, clamorem nunc clarum ac contiguum, 'Io-io-io-io!' et pediculos in tabulatum supplodere audiverunt; atque pugnulos mensam ita contundere ut poculi tintinnarent.

'Ita gaudent!' inquit Meles. 'Agamus!' Secundum cuniculum iter maturaverunt, usque ad finem, ubi ad occultm panarii aditum stare se repperunt.

Tantus erat in cenatione clamor ut commissatores auribus aliquid inopinati accipere haud possent. 'Iam, mi sodales,' inquit Meles, 'opus est simul urgere!' et humeris ad tabulatum impellandum enixi sunt. Deinde in panarium ascenderunt qui ne cenationem, ubi inimici inopinantes perpotabant, intrarent solum ab ostio prohiberentur.

Dum cuniculum relinquunt clamor aures obtudit. Clamore ac fragore decrescentibus tandem vox 'Ehem, longius detinere nolo,' dicere audita est *(magno cum plausu)* - 'sed sella non iam recepta' - *(plausu iterato)* - 'de hospite nostro nonnullis verbis loqui velim, id est, sane, de Bufone affabili. Nos Bufonem novimus!' - *(gingilismo)* - 'Ille bonus Bufo, pudicus Bufo, probus Bufo!' - *(cum vociferationibus hilaritatis.)*

'Utinam istum vim feram!' muttivit Bufo dentibus infrendens.

'Brevi mane tantum!' inquit Meles ut laboranter refraenabat. 'Nonne parati sumus?'

'Carmen quidem canere velim,' produxit illa vox, 'quod de Bufone composui - ' *(plausu prolato).*

Dein Princeps Mustelarum - is enim erat - voce alta stridula canere coepit.

'Iam Bufo laetabundus
secundum viam it - '

Balteo astricto Meles fustem ambobus praepedibus firmiter cepit et cohortem comitantem intuitus -

'Hora adest!' exclamavit. 'Mecum vadete!'

Atque ostium retorsit subito.

Me Hercule!

Ut stridore et fremitu et gemitu est aer repletus!

Bene recteque mustelae se trudant perterriti sub mensis, et dementer petant fenestras! Bene recteque praecipitent viverrae ad focum furiose, ut in camino desperanter comprimantur! Bene recteque evertantur et sellae et mensae, in terram iaciantur vasa fictilia vel vitrea, cum quattuor nostri torvi heroides in cenationem iracunde incederunt! Potens Meles, villis adrectis, magnum fustem contorsit; Talpa ater atrox barito verendo 'Talpa! Talpa!' clamans fustem quoque suum vibrabat. Aderat Mus audax fortis omnia diversa arma ad balteum gerens; et Bufo animi furens, dignitate laesus, altero tanto ex ira tumidus qui subsiliens ululabat Bufonianiter ut perterreret! 'Iam Bufo laetabundus!' clamavit. 'Ego laetitiam infero!' Atque Principem Mustelarum petivit statim. Nostri erant quattuor et non plus, sed mustelae pavidi cenationem immanibus animalibus et glaucis et atris et spadicis et flavis repletam viderunt, quae ululantia immensos fustes vibrabant; et consternati pavidi clamitantes terga verterunt. Huc et illuc discurrebant, per fenestras, in caminum, quoquam et ubique, ut illos atroces fustes subterfugerent.

Actum est cito. Sursum deorsum, ultro citroque quattuor Amici progressi sunt. Simul ac viderunt omne caput fuste percusserunt; atque cenationem mox purgaverant. Perterritos ut trans pratulum effugiebant mustelas ululare languide per fenestras fractas audire potuerunt; in tabulato iacebant animo fracto hostium circiter duodecim, quos Talpa manicis restrinxit. Opere perfecto Meles in fustem nixus frontem tersit.

'Talpa,' inquit, 'tu optime rerum! Foris modo ito excubitores visum ut quod faciant cernas. Ut opinor, ob acta tua, isti iam haud perturbabunt!'

Talpa statim se per fenestram ex conpectu subtraxit; atque Meles duobus aliis animalibus praecepit quae mensam reponerent, cultros et furcillas et escaria et pocula ex farragine carperent, et cibum ad cenandum idoneum peterent. 'Cibi avidus sum!' dixit lingua vernacula sua. 'Agedum, Bufo, cito age! Domum iam pro te recepimus, sed nondum quidem dedisti frustum!' Quod Meles neque aliquid iucundi sicut Talpae dixerat, nec laudibus tulerat, nec virtutem commendaverat Bufo laesus est aliquantulum; nam placuit sibi de vi Principi Mustelarum allata, quem uno fustis ictu trans mensam miserat. Sed cum Mure sat agitavit, ut mox et quilon guavae in catino vitreo, et pullum coctum frigidum, et linguam coctam paene intactam, et placentam, et nonnullos homaros reperirent; atque in panario canistrum pane gallica repletum et casei, butyri ac helioselini multum. Denique sedituri Talpam subridentem per fenestram plures fusillas ducentem scandere viderunt.

'Actum est omnino,' nuntiavit. 'Quemadmodum cernere queo, nonnulli mures pontici iam solliciti, clamore tumultuque audito, fusillis deiectis in fugam se contulerunt. Ceteri brevi morati, cum mustelae erupissent se proditos crediderunt; atque mures pontici cum mustelis luctati sunt, et mustelae decertaverunt effugiendi causa, atque omnes inter se et luctabantur et tortus dabant et obtundebant, et agitabantur, quoad in flumen plerumque prolapsi! Iam omnes aspectu desunt quodammodo; et fusillas eorum habeo. Ita bene est!'

'O egregium ac probum animal!' inquit Meles, cuius os pullo ac placenta plenum fuit. 'En, o Talpa, antequam editurus nobiscum sederis, restat faciendum plusculum; atque non petam nisi tibi fido hoc curare, et velim ut ita loqui de omnibus mihi notis possim. Nisi est poeta Murem mittam. Istos qui in tabulato iacent sursum duce tecum nonnulla cubicula expurgatum, quoad et munda et percommoda facta. Cura ut sub lectis verrerent, et ut munda stragula peterent quae eleganter angulo everto ponerent, sicut bene sciveris; atque in omne cubiculo ponantur et plenus calidae aquae urceolus, et munda mantelia, et novus sapo carbonis detergens. Deinde, si velis, alapam gravem unicuique duce, et omnes ex postico eiice, et istos nunquam revidebimus, ut censeo. Deinde reveni paulum linguae coctae frigidae editum. Hanc magni facio. De te, o Talpa, mihi multum placet!'

Fuste sublato Talpa leni ingenio captivos ordinatos 'Progredimini!'

iussit, et turbulam duxit sursum. Paulo post, revenit renidens et omne cubiculum paratum et sicut novus acus mundum esse nuntiavit. 'Neque alapam ducere fuit opus,' addidit. 'Ad summam, eos ad noctem satis obtusos opinatus sum, et mustelae, cum ea de sententia certiores fecissem, mecum plene consenserunt neque me lacessere volebant. Paenituit eos scelerum detestabilium ut se excusarent, sed Principe Mustelarum ac muribus ponticis instigantibus opus fuerat agere, atque si unquam pro nobis aliquid compensationis facere possent, solum nobis opus esset mentionem facere. Itaque unicuique frustum dedi, et postico aperto quam celerrime excucurrerunt!'

Tunc sella ad mensam attracta Talpa linguam frigidam carpsit; atque Bufo, honestus ut erat, invidia omissa, 'Gratias tibi ago!' inquit, 'care Talpa, de labore ac virtute in pugna nuperrime visa, et praesertim de calliditate quam hodie mane ostendisti!' Haec verba Meles amavit qui 'Ita est locutus Bufo meus fortis!' nuntiaret. Itaque aequo animo et multo cum gaudio cenam concluserunt. Mox lectis petitis inter munda stragula tuti dormiebant proavitae Bufonis domi, quae et incomparabili virtute, et perfecto strategemate, et exacto fustium usu recuperata erat.

* * * * *

Postridie mane Bufo, qui ex consuetudine diutius dormiverat, sero et turpiter ientaculum petivit. In mensa et nonnullos ovorum cortices, et frustorum fragmenta tosta iam frigida, et urnam coffeae paene vacuatam, et praeter haec paene nihil invenit; et quod apud se fuit, animus igitur suus non est comitate conditus. Per Gallicas refectorii fenestras Talpam Muremque foris trans pratulum in sellis vimineis sedentes aspexit. Illi sermonem conferre videbantur, nam calces remittentes cachinnabant. Cum Bufo in refectorium intravisset, Meles, qui in cathedra sedens acta diurna perlegebat, brevi intuitus solum nutavit. Bufo tamen de Mele haud ignorabat; itaque sedit qui, modum ulciscendi serius ocius reperturus, ientaret quantum potuit. Paene cum ientavisset Melem suspicere aspexit qui breviter 'Paenitet, o Bufo,' inquit, 'sed hodie mane multum agere debes. Quin opus sit nobis epulas statim reddere, quo facilius victoriam celebremus, non est disputandum. Nemo est quin exspectet - etenim est norma.'

'Sane,' respondit Bufo prompte. 'Quod necesse sit, libenter faciam.

Sed cur mane epulas reddere velis non intellego. Ut sciveris tamen, non mei placendi causa vivo, sed desiderata amicis praebere, quandocumque possim, tu Meles mi carissime vetuste!'

'Conare ne stultior videaris,' respondit Meles aspere, 'quam demum es; atque, dum loqueris, noli aut renidere aut coffeam aspergere; ita bene moratus non es. Quod propono hoc est: epulas habebimus de nocte sane, sed opus est invitationes scribere, et tutemet scribere debes. Iam ad mensam sede - ubi sunt multae chartae ad litteras scribendas idoneae, verbis "Villa Bufoniana" caeruleo cum auro iam inscriptae - et invitationes scribe ad amicos nostros omnes. Te studente praemittere poterimus ante prandium. Atque ego operis partem sumam. Ego epulas imperabo.'

'Quid nunc?' inquit Bufo perculsus. 'Ut intus hoc in iucundo tempore litterarum inanium scribendarum causa maneam, qui possessiones recensere, et omnes omniaque moderari, et gloriari, et laetari volo! Minime! Non mihi - non - per contrarium, ne male gratus sim! O Meles, te obsequar sane! Potius quam mihi aliis placere velim! Hoc vis, hoc igitur faciam. Age, Meles, epulae imperentur, et impera quod velis; atque postea foris cum nostris laetis integris gaudeas, et mei laborantis obliviscere! Ad aram officii amicitiaeque hunc iucundum diem sacrificabo!'

Meles suspiciosus intuebatur, sed sincero aperto Bufonis vultu viso, nihil potuit qui fidem habitui nunc gravi haberet: itaque ex refectorio ad culinam versus profectus est. Simul atque ostium clausum aspexit Bufo ad mensam contendit, nam bellam rem animo conceperat. Voluit iam invitationes scribere; nec de sua in pugnando virtute, nec de Principi Mustelarum a Bufone victo mentionem omitteret; et incepta sua et victorias subiceret; charta reversa significaret delectationem vespertinam - ab his non dissimilem quae in mentem habebat :

Oratio Prima . . . . . . Bufonis
(Habebuntur inter vesperem diversae Bufonis orationes)

Oratio Secunda . . . . . . Bufonis
Epitoma - carcerum ratio - navigabiles Angliae fossae
- commercium equinum, et eius operandi modus -

AURAE INTER SALICES

- possessores, et eorum iures et officia
- rus repertum - honestus Anglicus agri possessor
Carmen . . . . . . Bufonis
(Habebuntur inter vesperem diversae Bufonis carmina)
Diversa Opera . . . . Bufonis
Inter vesperem canet . . . . . . Ipse compositor

Notione dulce accepta, tam industrie laboravit ut omnes litteras ante meridiem scriberet. Perfectione addita, certior factus est de mustela parvo incompto qui honestiorum serviendorum causa ad posticum se ostendebat. Gloriosus Bufo hunc superiore nocte captum iam venerabundum humilem esse repperit. Huic caput tamquam permulcendo pulsavit, fasciculum invitationum inter praepedes intrusit, et foras exturbavit reddendi quam celerrime causa; atque si mustela adeo revenerit vesperi, forsitan solidum acciperet - vel nihil forsitan. Miser mustela gratiam habere videbatur atque studiose profectus est gestum.

Cetera animalia tempus omne matutinum flumine degerant, quae pransura cum revenissent animose ac laete se gererent. Talpa intuebatur mala cum conscientia Bufonem, quem irae indulgere tacitae crediderat. Iam morositate tantum aberat ut Talpae in suspicionem veniret; limis autem oculis Mus et Meles inter se aspiciebant.

Simul ac pransum erat Bufo praepedibus in sacculis braccarum trusis 'En, genio indulgete!' locutus, 'Quod habere velitis, opus tantum est rogare!' aequo animo ad hortum versus profectus est gloriose ut orationes, quas prodendas in mentem habebat, secum agitaret; sed Mus humerum eius cepit.

Quod Mus in animo haberet Bufo suspicatus est, qui effugere conaretur quam maxime; sed altero a Mele capto humero nihil potuit nisi obsequeretur. Duo animalia in fumarium, quod atrium attingebat, eum inter se duxerunt, et ostio clauso in sellam truserunt. Deinde ante tacitum Bufonem constiterunt, qui multa cum suspicione spectaret morose.

'En, Bufo, eccere!' inquit Mus. 'Hoc ad epulas attinet. Paenitet hoc in modo loqui. Sed ut semel intellegas volumus: erunt neque orationes nec carmina. Opus tibi est rem cognitam habere; hoc in tempore de re non disputamus. Te certiorem facimus.'

Bufo se per insidias captum sensit. Animo amplexi erant, omnia sciebant, eum circumvenerant. Quod ardenter voluerat nunc fieri non potuit.

'Unum solum carmen breve,' obsecravit Bufo, 'canere nonne licet?' miserando modo.

'Minime,' respondit Mus firmiter. 'Ne unum breve quidem carmen,' etsi animadverso tremere miseri deiecti Bufonis labio est imo pectore adfectus.

Firmiter 'Inutile est' produxit, 'Bufonelle; ut bene scis, carmina tua sunt et gloriatione et iactatione et vanitate plena; et orationes tuae nihilo consistunt nisi laude tibi, et - ehem, et indecora superlatione, et - et - '

'Vapore quoque,' interpellavit Meles sermone suo vulgari.

'Pro bono tuo,' produxit Mus, 'Bufonelle, agimus. Scis bene ut tuum est serius ocius te corrigere. Hoc in egregio tempore, cum curriculum vitae aliter cadere videatur, nonne initium nancisci velis? Credas me haec loquentem magis laesum quam te!'

Bufo cogitabundus diu mansit. Denique caput sustulit, ut tumultus mentis vultu cerneretur. 'O mei amici,' inquit voce fracta, 'vicistis. Certe, aliquid parvi fuit quod petivi - uno vespere ut florerem ac fuse lateque eloquerem, ut ebulliens illam turbidam approbationem, quo facilius - ut videtur - meliorem fiam, audirem, tantummodo volui. Vosmet tamen iuste agitis, et ego peccavi. Posthac ego Bufo conversus ero. Mei amici, nunquam dehinc opus non erit de me erubescere. Sed, mehercle! mehercle, sic transit gloria mundi!'

Atque sudario ad faciem adhibito, ex fumario titubanter egressus est.

'Oh, Meles,' inquit Mus, 'Ut mihi videtur, ego saevio; et quo modo ad te attineat nescio.'

'Maxime intellego,' inquit Meles maestus. 'Dubitandum non est autem quin ita agere esset opus. Atque opus etiam est ut inter nos domicilium habeat, vel cursum teneat, vel magni aestimetur. Num eum inrisui tantum esse mavis, ut a muribus ponticis et a mustelis derideatur?'

'Minime vero,' inquit Mus. 'Atque mustelarum mentione facta, ut parvulum mustelam cum invitationibus a Bufone missis fortunate inveniremus. Ob verba tua aliquid suspicatus nonnullas recensui: probrosae erant in toto. Omnes cepi. Iam bonus Talpa in scriptorio ad mensam sedet qui invitationes inornatas componat.'

* * * * *

Denique hora ad epulas destinata paene aderat. Aliis relictis animalibus Bufo cubiculum suum petiverat qui nunc maestus ac cogitabundus sederet. Fronte ad praepedem annixa diu et penitus multa secum volvebat. Vultus paulatim disserenavit quo facilius sensim renidesceret. Dein pudibundus summissim cachinnare coepit. Tandem surrexit, ostium occlusit, fenestras velis obscuravit, omnes in cubiculo sellas hemicyclo posuit, et ante has stetit tumescens. Tum caput summisit, bis tussivit, et effrenatus coronae quam clare fingebat cecinit leni voce:

ULTIMA BUFONIS CANTILENA

Hero - Bufo - Redux!
 Erat in oeco pavor et in atrio clamor,
 In bubile ululatus et in stabulo terror.
  Hero - Bufo - Redux!

Hero - Bufo - Redux!
 Ruina fenestrarum atque demolitio;
 Pavidarum mustelarum erat lacessitio.
  Bufo - iam - redux!

Pulsentur tympana!
 Tubicines adsunt, milites consalutant;
 Tormenta iaculantur atque omnes exclamant!
  Hero - iam - adest!

Clametur 'Io!'
 Vociferentur omnes quam resonissime,
 Ad Animal laudandum tam splendidissime!
  Triumphet Bufo!

Maxime voca cecinit, significanter et mutis cum argutiis; et hoc cum cecinisset, cecinit iterum. Tum suspirium sedulum duxit; desiderii suspirium perlongum. Umido pectine crines compsit ut utrobique recte leves niterent; et ostio aperto descendit convivas, quos in atrio convenire censuit, salutatum.

In atrio cum intravisset omnia animalia Bufoni plauserunt, et de virtute ac calliditate ac constantia gratulandi causa congregati sunt; sed Bufo modeste subridens 'Minime vero!' tantum murmuravit vel subinde 'per contrarium - ' Ante focum Lutra illum modum operandi quo, si adfuisset, uteretur depingens coronae laudatorum stabat, qui repente vociferatus ad Bufonem venit, quem circum atrium humero ad huius cervicem apposito triumphandi causa ducere conaretur; sed Bufo leniter increpitans 'Duce Mele egimus,' inquit se abstrahens; 'Talpa et Mus Aquaticus molem pugnandi sustinuerunt; ego tantummodo subserviens parum operis suscepi.' Ita praeter solitum se gerebat ut animalibus manifeste distractis admirationem moveret; et Bufo convivas singillatim salutans ac pudenter respondens ab omnibus penitus teneri se credidit.

Meles nihil nisi optima imperaverat, ut epulae procederent prospere. Erat inter animalia multum et sermonis et cachinnorum et garrulitatis, sed Bufo, qui hospes erat sane, a iucunditate discedens alterorum causa nugas murmuravit. Identidem Melem Muremque furtim intuitus est, quos oribus apertis inter se contemplari aspexit; ita delectatus est.

Multo vespere, nonnulla alacriora aetateque minora animalia insusurrare inter se coeperunt quae oblectamenta nunc extenuata gemerent; atque erant quae mensam pulsantia 'Bufo! Oratio habeatur!' clamaverunt, 'est Bufoni orationis opus! Carmen! Bufonis carmen!' Sed Bufo caput tantummodo quassavit placide, unum praepedem molliter interpellendi causa sustulit et, cupediarum commendatione, sermone quotidiano, et de cognatis, qui adhuc iuniores conviviis interesse non poterant, intenta percontatione, suasit ut haec cena ex usu haberetur.

Mutatus adeo erat Bufo!

* * * * *

Hac gradatione perfecta, quattuor nostra animalia vitas, quae bello civili interruptae erant, multo cum gaudio ac animi aequitate, tumultibus atque incursionibus immotas agere continuaverunt. Amicis apte consultis, Bufo pulchrum aureum margaritis ornatum vasculum, quod de colleo penderet, filiae custodis idoneum selegit, quod cum litteris, quae etiam et demissas et iucundas et gratas esse censuit Meles, ad illam misit; locomotivario quoque gratiae actae sunt, qui de opere suo proprie remuneratus est. Mele graviter subigente vectoraria, etsi difficilis erat repertu, de equo compensata est arcano; at Bufo Fati instrumentum, quo iustius pingues maculosis brachiis mulieres, quae verum honestum tametsi visum cernere non possent, poenas darent, se arbitratus primo repugnaret. Summa pecuniae, cuius opus fuit tradere, vix gravis fuit; gitani enim aestimatio ab assessoribus regionis aequa fuisse censa est.

Aliquando amici per Feram Silvam, quae omnino in quod ad nostros attineret nunc mansuefacta erat, aestivo longo vespere simul spatiabantur; atque iucundum erat sive visu sive auditu, cum genetrices mustelarum quae ad ora foraminum catulos duxerant 'Ecce, mi parvule!' dicerent, 'Is Bufo Magnus est! Atque iuxta eum it fortis Mus Aquaticus, pugnator terrificus! Atque illic est clarus Talpa, de quo patrem tuum loqui saepe audiveritis!' Sed catuli cum difficiles essent et morosi, ut tacerent de Mele cano punitore terribili admoniti sunt. Sic est Meles diffamatus inique, qui etsi nihil moratus est Societatis, parvulos pectore amabat imo; semper parentes nihilominus talibus verbis efficaciter agebant.

Explicita hic fabula

Aurae Inter Salices

VOCABULARY

Selecting vocabulary for Aurae Inter Salices was not a serious problem, though a number of words in the original have no equivalent in classical Latin. The strictly classical vocabulary can be found almost entirely in Caesar, Catullus, Cicero, Horace, Ovid and Virgil. The spellings adopted are generally those given in 'Dr. Smith's English-Latin Dictionary' of 1881, though not exclusively so; there is a certain illogicality within each of several compilations consulted, such as *sepes* (but *coena*) in Smith's, and *saepes* (but *cena*) in Cassell's Fifth Edition, but this is not a place at which to enter this ancient argument. The grammatical forms are generally those preferred by Kennedy in the 'Revised Latin Primer' (1962 edition, Longmans).

The Latin equivalents used here are adapted from modern Italian or French to be of obvious meaning: for example, *fusilla* for 'rifle'; *automobile* for 'motor-car'; and the Italian *ferrovia* for 'railway'. These, together with other non-classical words and usages, fall into five main groups.

1. Four words have been invented for occupations (three of which might have been expected in classical works, but seem to be unknown):

caminoverrarius, -i	m.	chimney-sweep
locomotivarius, -ii	m.	engine-driver
vectoraria, -ae	f.	barge-woman
vestilavatrix, -tricis	f.	washerwoman

2. Words have been adapted to usages unknown in classical times. It is arguable in some cases that a different word might have been more appropriate: for example, the rather grander *carruca* is preferred to *pilentum* on the grounds of the Toad's social pretensions, even though it represents a (supposedly) humble gipsy caravan:

capsula, -ae	f.	tinned can
carruca, -ae	f.	caravan
clavus, -i	m.	tiller; steering wheel
director, -oris	m.	driver; chauffeur
incapsulatus, -a, -um	p.p.	tinned
placentula, -ae	f.	biscuit

   The intention in other cases of this nature should be obvious. Precise equivalents for headwear are particularly difficult, but the meaning is unambiguous. According to context, both *linter* and *navicella* have seemed appropriate for Ratty's little boat, although others might prefer *scapha*. Also used are a few accepted, non-classical Latin words (such as *seriatim, tabacum, thea*), which should cause no difficulty.

3. Trees and plants are given their classical names where these are known (although the attribution is, apparently, not always exact); otherwise, their modern botanical names are used. The same principle applies to animals, although rejecting the modernism *rattus* allows *mus* its classical usage as 'rat'. The possibility of confusion between 'tunnel' and 'rabbit' as the translation of *cuniculus* seems too slight to justify *lepus* (used by other translators, but which is properly 'hare') as the word for the animal. It seemed appropriate to confer the masculine gender on all male animals - which seems especially appropriate to Otter and Mole, for example, in the context of 'The Wind in the Willows' - although many are nouns of the First Declension.

4. Modern machinery of one kind or another required the invention or adaptation of a number of words or phrases. In particular, *circumrosorium* (from *circum* + *rodo*, 'gnaw') imitates the action of tin-openers contemporary with the original book, while the widespread modern form *automobile* was quite irresistible. In answer to critics of *pistola* for 'revolver,' who have pointed out that the English word arose from the loading action, which differs radically from that of a pistol, I am simply unwilling to change this easily understood word on grounds of technical correctness (curiously enough, no analogous criticism has yet been made of *fusilla*).

automobile, -is	n.	motor-car
circumrosorium, -i	n.	tin-opener
fusilla, -ae	f.	rifle
ferrovia, -ae	f.	railway
ferrovialis,-is, -e	adj.	Railway
glans, glandis	f.	bullet
horologilla, -ae	f.	pocket-watch
locomotiva, -ae	f.	locomotive
machina introcomburens	f.	internal combustion engine
oleoapplicatorium, -i	n.	oil-can
pistola, -ae	f.	revolver
vaporella, -ae	f.	steamer (cf. It. *vaporetto*)

5. Lastly, there are the neologisms of no special category. Of particular note are the adjective *sepester*, 'hedgerow-dwelling'

(*sepes*, 'hedge'; cf. *campester, silvester*) and appropriation of the noun *praepes* (classically, 'swift of flight' and, by metonymy, 'bird' etc.) to mean 'forepaw', each of which might be presumed classical, though neither has survived in a known text. In an admittedly small poll of opinion, *gitanus* proved more recognisable as 'gipsy' than the more usually recommended *cingalis*. The rest are:

ager globoclavalis	m.	golf links
amylatio, -onis	f.	clear-starching
'*Bufolucris*'	m.	'Toad-bird'
gitanus, -a, -um	adj.	gipsy (also substantive)
horario, -ionis	f.	timetable
multisacculatus, -a, -um	adj.	many-pocketed
semibini	m.	half-a-pair
supersaltum, -i	n.	somersault
unisacculatus, -a, um	adj.	one-pocketed
visutectorium, -i	n.	(driving) goggles

6. It will be noticed that classical interjections and expletives have been utilised. Given the basic absurdity of animals dealing on equal terms with humans, it seems entirely defensible that they should swear, as appropriate to their gender, by Hercules and Castor.

And finally, the title: much in the original book suggests that reference to Catullus might be appropriate, particularly XXXI,

> ... *ac peregrino*
> *Labori fessi venimus larem ad nostrum,*
> *Desideratoque acquiescimus lecto* ...

as when the Mole returns at Christmas to Mole End, and XLVI,

> ... *O dulces comitum valete coetus*
> *Longe quos simul a domo profectos*
> *Diversae variae viae reportant,*

summing up the book's ending, with the adventures over and the animals returned to a settled, gentler life. So, for the title itself: the general word for 'wind' is, of course, *ventus*. However, for such a tale as The Wind in the Willows it seemed more appropriate to use, with Catullus, a gentler word, as in the third line of XLVI,

> ... *iucundis Zephyri silescit auris,*

which provides the new title,

Aurae Inter Salices.